# 나는
# 제2의 삶을
# 똑똑하게 살기로
# 결심했다

# 나는
## 제2의 삶을
## 똑똑하게 살기로
## 결심했다

홍성진 지음

책들의 정원

# 월급쟁이에서 벗어나 제2의 인생을 시작하자

오늘 또 한 식당이 문을 닫았다. 10년 전 영업사원으로 이곳저곳 뛰어다니던 시절 가끔 가던 식당이 문을 닫았더랬다. 그때는 그냥 '식당이 한 군데 또 망했네' 정도만 생각하고 있었다. 식당 사장의 마음이 어떨지, 함께 일하는 직원들은 어떻게 생계를 이어갈지, 생각해보지 않았다. 우리 집도 몇 군데 장소를 옮겨가며 정육점을 했다. 나는 정육점 집 외동아들이었다. 세 군데로 장소를 옮기고 결국에 문을 닫을 때까지 한 번도 왜 이사하는지, 어떤 어려움이 있는지 알지 못했고 관심이 없었다. 80년대 90년대 경기 호황이 끝나고 '대형할인점'이 들어오면서 개별점포들은 차차 문을 닫기 시작했다.

초대형 점포들이 생겨나면서 동네에 하나씩 있던 종합슈퍼마켓들이 사라졌다. 경기가 어려워지면서 더 많은 수의 자영업자들이 문을 닫았다. 반대로 수많은 사람이 꿈을 꾸며 자영업을 시작하고, 또는 회사에서 퇴직한 뒤, 놀 수 없어서 자영업을 시작하게 되는 나라가 되었다. '경쟁력'이라는 것을 갖추고 시작하는 곳이 없고, '준비된' 사장님이 점점 없어졌다. 프랜차이즈가 생겨났다. 그렇게 치킨이, 커피가 대한민국 요식업의 주를 차지하게 되었다.

한국은 유행에 민감한 나라다. 그래서 철이 바뀌면 유행하는 메뉴들도 바뀌고 어느 곳은 성행하고 어느 곳은 파리만 날린다. 요식업의 경우는 더욱 그렇다. 겨울에 생각나는 메뉴를 우리는 여름에 잘 찾지 않고, 여름에 먹는 것을 겨울에는 잘 찾지 않는다. 매운 음식이 유행하던 때가 있고, 달콤한 음식이 지배하던 시절도 있다. 건강을 생각해서 생식에 가까운 음식들이 유행하다가도 아주 자극적인 음식들이 매체를 타면 또 바뀐다. 이렇게 유행에 민감하다 보니 현장에서 대응은 몹시 어렵다.

문을 닫게 되는 사장님들 몇몇을 만나서 이야기를 들어 보니, 우리 부모님이 생각났다. 동네 형님들도 떠올랐다. 먼 곳에 있는 이야기가 아니라 내 피붙이, 내 이웃, 친구들의 이야기라는 것이다. 여러 번 직장을 옮겨 다니면서 어쩌면 나의 이야기가 될 수도 있겠다는 생각이 들었다. '망한다는 것'에 대한 두려움, 생존에 대한 압박, 안정을 찾고 싶은 열망들이 글을 쓰게 만들었다. 인문학을 전공한 내가 '사람'에 대한 그것밖에 모르는 내가 어떤 글을 쓸 수 있을까 고민하던 중 '문제는 사람에게서 시작하고 정답은 사람에게 있다'고 결론을 내렸다. 사람에 관한 이야기로 자영업을 하고 계시는 혹은 자영업을 준비하시는 분들에게 어떤 식으로든 도움을 줄 수 있지 않겠냐는 생각으로 시작했다.

생각 없이 사업을 시작하는 사람은 아무도 없지만, 의외로 잘 준비된 사업자들도 그리 많지는 않다. 좋은 도구를 가지고 농사를 짓는 농사꾼과 오로지 억지힘으로 농사를 짓는 농사꾼의 결과물이 다르듯, 나는 사장님들에게 그 준비를 할 수 있는 비법을 소개하고자 한다. 마인드를 잘 관리하는 것은 기복을 없애는 것이다. 잘 될 때야 삶이 신나고 힘이 넘치지만 어디 세상이 그렇게만 되던가. 세계적인 피겨스케이팅 선수 김연아는 "수만 번 넘어지고 좌절하고 포기하고 싶을 때가 많고, 빙판 위에서 단 한 번 성공하는 것으로 스포트라이트를 받고 환호를 받는 것은 아주 극히 적은 날에 불과하다. 나머지 거의 모든 날은 엄청난 자신과 싸움을 하는 중이다" 라고 말했다.

당신의 사업은 1년 중 대부분의 날이 힘겨운가? 이 과정을 어떻게 헤쳐 나가야 할지 도무지 답이 보이지 않는가? 그렇다면 몇 가지를 점검해보아야 한다. 당신이 이 일을 시작하면서 다짐한 것을 되돌아보라. 어떠한 목표를 가지고 시작하였는가, 당신의 사업을 시작하면서 그렸던 마지막 그림은 무엇인가, 그것이 뚜렷하지 않다면 즉, 그리고자 하는 미래가 분명하지 않으면 계속해서 목표를 변경하게 되어 있다. 이것은 많은 혼돈을 초래한다.

《나는 제2의 삶을 똑똑하게 살기로 결심했다》가 만병통치약이거나, 백과사전은 아니다. 다만 각 분야에 대해서 눈을 뜨게 해주고 관심을 끌게 해주는 아주 얕은 수준의 마중물이라고 생각한다. 여기에 쓰인 글은 어쩌면 모두가 알고 있는 내용일 수도 있다. 그런데도 이 책을 펴낸 이유는 머리로 아는 것에 그치지 말고 당신의 사업장에 적용해보길 바라는 마음에서다.

이제는 평생직장이란 것도 옛말이 되었다. 부자가 되기 위해서만이 아니라 입에 풀칠이라도 하기 위해서는 무언가 다른 길을 모색해야 한다. 그중 우리가 비교적 손쉽게 다가갈 수 있는 일이 바로 장사다. 물론 앞에서도 말했듯이 그렇다고 너무 쉽게 생각하고 아무런 사전준비가 없이 달려들면 로또에 맞을 만큼 운이 좋지 않은 이상 실패는 정해져 있다고 할 수 있다. 어느 일이나 마찬가지이겠지만 장사에 뛰어들기 위해서도 철저한 준비와 자기 관리가 필요하다. 이것은 결코 쉬운 일이 아니다. 하지만 당신의 잠재력은 무궁무진하므로 지레 겁먹거나 스스로를 작은 틀에 가두지 말고, 끊임없는 자기 관리를 통해 새로운 꿈을 꾸고 성공하는 삶을 살아갈 수 있기를 바란다.

2019년 5월
홍성진

**차 례**

# 1장

# 장사,
## 새로운 삶의 길을 모색하다

성공이란 열정을 잃지 않고
실패에서 또 다른 실패로 가는 능력이다.

― 윈스턴 처칠

# 1
## 더 이상 평생직장은 없다

'회사는 전쟁터이고 회사 밖은 지옥이다.'

'최고 수준의 엘리트들이 단군 이래 가장 어려운 시기를 보내고 있다.'

'경제 뉴스는 항상 불황과 위기를 전하고 있다.'

위의 글들을 보면 어떤 생각이 드는가? 그저 지금 다니는 회사에 만족하며 자족하고 주어진 상황에서 살아갈 궁리를 해야겠다는 생각이 드는가, 아니면 '이렇게는 살아갈 수 없다! 무언가 변화가 일어나야만 한다!'라는 생각이 드는가? 우리나라의 젊은 세대를 보면 어려운 경제 상황으로 인해 취업이나 결혼, 출산 등을 포기하는 이들이 늘어나고 있으며, 그것이 2, 30대뿐만 아니라 전 세대로 확장되고 있음을 볼 수 있다. 이러한 사회 현상은 어떤 이유에서 벌어졌을까? 우리가 열심히 살지 않아서 그렇게 된 걸까, 정부의 정책이 대기업과 몇몇 사람들만을 위하다

보니 전체 국민의 삶의 질을 고려하지 않았던 것일까? 이에 대한 해답을 여기서 내놓을 수는 없다. 다만, 이처럼 어려운 상황을 타파하기 위한 한 방법을 제시하고 싶을 뿐이다. 많은 이들이 장사에 뛰어들지만 그 안에서 성공을 이루는 이는 소수이고 대부분의 사람은 폐업의 길을 가고야 만다. 그런데 왜 굳이 장사를 해야 하는가?

직장생활이 마음에 들지 않아서이다. 나의 꿈을 펼쳐 주체적 삶을 살고 싶고 지금보다는 조금 더 마음 편하게 살고 싶어서이다. 차이가 있다면 월급쟁이는 특별한 경우가 아닌 이상 꼬박꼬박 정해진 날짜에 월급이 내 통장에 들어온다는 것이고, 사장은 내가 일한 만큼만 돈을 벌 수 있다는 것이다. 장사를 시작해 사장이 된다는 것은 쉬운 일이 아니다. 고려해야 할 요소가 참 많다. 장사를 시작하기 위해서는 상당한 자금이 필요하기에 대출을 하게 된다. 이미 한두 푼으로 할 수 있는 사업은 사라졌다.

### ◎ 꿈을 잃어버린 청년 A씨

A씨는 어려서부터 선생님이 꿈이었다. 그러나 꿈을 위해 전략적으로 살지 못했고, 공부를 그렇지 잘하지도 못해서 교사가 되지 못했다. 대신 학생들을 가르치는 일, 그리고 선생님과 제자라는 관계가 좋아서 과외를 하거나 무료공부방 활동을 했다. 학교를 졸업하고 당장 자신이 할 수 있는 일을 찾다 보니 회사에 들어가는 게 최선이었다. 성년이 되었으니 돈을 벌

어야 하기는 하는데 딱히 준비된 것은 없었기 때문에 수십 군데 이력서를 넣다가 면접 제의를 받았다. 사회초년생이나 돈이 급한 사람에게 '당신을 고용할 테니 열심히 일해 달라'는 메시지만큼 달콤한 문장은 없다. 그 회사가 무슨 일을 하든, 얼마나 거리가 멀든 일단은 다니기로 한다. 몇 개월이 지나고 3, 6, 9 법칙3개월, 6개월, 9개월마다 사표를 쓰고 싶은 강력한 욕구가 올라온다는 법칙에 따라 속병을 앓고 지내다가 업무 일이 12개월이 지나자 시원하게 사직서를 던진다.

실업급여와 함께 이런저런 교육과 상담을 받으며 다시 마음을 다잡는다. 대기업을 꿈꾸기도 하지만 서류와 인적성에서 번번이 탈락하고 몇 차례 도전 끝에 포기하기로 한다. '쉬운 삶'이라고 하면 너무 슬프지만 '내 상황에서 가장 빨리 취직할 수 있는 직업'을 선택하게 된다. 대기업에서 중소기업으로, 중소기업에서 소기업으로, 그리고 편의점 아르바이트생으로 점점 눈이 낮아진다. 최저 시급이 오르면서 이렇게 벌어도 숨은 쉴 수 있겠다는 생각이 처음으로 들었다.

위의 이야기는 실화는 아니다. 2, 30대들이 겪고 있는 현대의 모습을 조금 각색해보았다. 멀리 바라보고 꿈에 투자하고 목표와 과정을 중요시하는 성공의 길을 그들은 어려서부터 귀에 못이 박이도록 들으며 자란다. 그런데도 우리의 현실은 변하지 않고 악화 일로를 걷고 있다. 우리는 어려서부터 거짓말을 듣고 배우며 자란 것일까?

창업자의 유명한 일화들을 많이 알고 있는가? 나도 지금 당장 생각나는 게 다섯 개도 넘는다. 애플, KFC, 혼다, 현대, 삼성, 포드, 디즈니랜드 등. 우리가 간과하지 말아야 할 것은 그때도 지금도 성공하는 사람들의 비율은 비슷하다는 것이다. 옛 시절이라 50% 정도의 성공률이었다고 생각하는가? 조선 시대의 양반의 비율은 10% 미만이라고 한다. 우리가 어릴 적 역사 시간에 외웠던 선조들의 이름은 극히 일부에 불과하다. 역사가 기록된 때부터 지금까지의 기록들을 살펴보면 그때나 지금이나 실패의 확률은 비슷하다. 역사적으로 이름을 남기는 몇 사람을 제외하면 나머지는 우리의 삶과 크게 다르지 않았을 것이다.

어쩌면 지금이 그때보다 기회가 더 많을 수 있다. 지금은 신분이 없다. 우리는 누구라도 대통령이나 국회의원이 될 수 있는 최소한의 자격을 지니고 있다. 해마다 억대 연봉자의 숫자는 늘어나는 추세이고, 우리나라에 굴러다니는 외제 차 역시 숫자가 늘고 있다. 비싼 집은 계속해서 생겨나고 그걸 사는 사람 또한 늘어나고 있다. 해외여행을 가는 사람의 수도 그렇다. 백화점은 고가의 제품을 소비하는 사람들을 잡기 위해 그들만을 위한 프리미엄 서비스를 늘려 가고 있다. 이러한 현상을 볼 때 우리가 성공하지 못하는 이유가 경제 상황이 어렵기 때문이 아님을 알 수 있다. 세상을 보는 세 가지 관점을 소개해보겠다. 당신은 어디쯤에 있는지 한번 생각해보자.

① 세상은 점점 살기 어려워진다. 공기도 나빠지고, 없던 병도 생기

고, 장수의 저주 때문에 곳곳에 요양병원이 늘어간다. 대한민국은 이제 세상에서 가장 빠르게 늙어 가는 나라이고, 세계의 학자들이 말하는 가장 빨리 지도상에서 없어질 나라가 되었다. 양극화는 점점 심해져 가고, 돈을 가진 몇몇을 제외하면 대부분의 사람들은 이 상황을 타개해 나갈 수 없다. 절망이다. 평균 연령으로 보면 나는 아직 수십 년을 살아가야 하는데 어떡하나 하고 고민을 하다가 잠들고 눈 뜨면 다시 전쟁터로 달려 나간다.

② 계절은 돌고 돈다. 겨울이 가면 봄이 오듯, 현재가 가장 어렵다고 말하는데, 그건 10년 전 리만사태 때도 20년 전 IMF 때도 30년 전에도 마찬가지였다 경제 뉴스는 단 한 번도 살기 좋은 시대가 왔다고 말하는 적이 없었다. 지금 다니는 곳 잘 다니면 큰 위험 없이 먹고살 수 있고, 내가 여유가 있으면 이직이나 승진의 기회도 있으니까 저런 뉴스에 일희일비하지 말고 충실하게 오늘을 살자.

③ 옆 동네 친구가 집을 샀다. 고등학교 동창이 외제 차를 끈다. 세상은 확실히 엄청나게 달라졌다. 저들이 무슨 기회를 받아들여서 저렇게 변했는가, 위기도 기회라던데 지금 무슨 기회를 잡아야 하는가, 나도 좀 나은 삶을 살고 싶은데 뭘 바꾸면 되는 거지? 내가 가진 재능이나 소유한 것 중에 기회가 될 거리들은 없을까, 이걸 누구에게 물어봐야 할까, 돈을 버는 사람은 계속 늘어나고 있고 많은 부를 그들이 가져가는 것 같아 보이는데 어떤 방법을 쓰는 거지? 무슨 법칙이 있는 걸까?

그렇다. 이 세 가지 관점은 부정적이냐, 현재를 즐기느냐, 긍정적이냐 정도로 볼 수 있겠다. 당신은 여기에 쓰인 문장 중에 어떤 생각과 가까운가? 예로부터 지금까지 성공을 거둔 사람들의 관점과 마음가짐은 세 번째와 같았다. 전쟁의 포탄이 쏟아질 때도, 많은 굶주림 속에서도 풍요가 넘쳐나는 시대에도 그들은 저런 생각을 하고 살았다. 환경은 달랐지만 그들의 마인드는 같았다는 것이다. 세상은 마음먹기 나름이라고 말하는데 당신은 어떤 쪽으로 마음먹겠는가?

창업을 이야기할 때 꼭 이런 이야기를 한다. 10%의 확률로 생존하고 1% 확률로 성공하는 바닥이라면, 마음 굳게 먹은 쪽이 승산이 높다. 창업은 생존하고 성공하기 위한 한 가지 좋은 방법일 뿐이다. 그보다 앞서 나는 '지금이 성공하기 아주 좋은 때'라고 생각하는 마음가짐이 없다면 눈앞에 돈이 보따리로 오더라도 알아보지 못한다고 본다. 창업에 앞서 당신이 세상을 긍정적으로 보고 미래를 당신의 시장으로 보려는 마음가짐이 먼저 준비되어야 하는 것이다.

4차 산업혁명을 들어보았는가? 산업혁명은 말 그대로 혁명적으로 세상이 바뀌는 것을 뜻한다. 증기로 인해 세상은 기계를 도입했고, 컴퓨터와 인터넷의 등장은 급격히 세상을 바꾸어버렸다. 컴퓨터가 없거나 흔하지 않았던 시대를 살았던 세대들은 경험했을 것이다. 아날로그의 세상과 디지털의 세상이 어떻게 다른지 말이다. 사실 1차 산업혁명 이후 삶이 바뀌었다고 느끼기까지는 시간이 좀 걸렸다. 영국에서 시작되어

전 세계로 퍼지는 데에만 수십 년이 걸렸고, 그렇게 삶의 양식이 바뀌는 것은 순차적으로 벌어졌기 때문이다. 증기가 발명되어 공장이 세워지고 가내수공업 기술자들이 일자리를 잃기까지는 긴 시간이 소요되었다. 그 말은 곧 다른 직업으로 전직할 기회와 시간이 충분히 주어졌다는 것이다.

2차 산업혁명 그리고 3차 산업혁명은 한 세대약 30년를 두고 벌어졌다. 첫 컴퓨터가 발명되고 소형화, 개인화되기까지, 그리고 인터넷이 퍼져서 전자메일을 주고받는 게 대중화되기까지의 시간을 생각해보라. 이것은 변화의 속도가 급속도로 빨라졌다는 것을 의미하고 다르게 말하면 산업의 발전에 따라 사라질 직종의 사람들이 충분한 준비를 하기에는 부족할 만큼 급격하게 이루어진다는 의미이다. 컴퓨터 자판의 위치를 몰라 전자메일을 쓰지 못해 퇴직을 당하는 이들이 속출하게 되었다. 그들의 무능이나 게으름만 탓하기엔 세상이 너무 빠르게 변했다. 내가 이전 세대들에 대해 이야기하는 이유는 이제는 우리가 그렇게 될 차례이기 때문이다.

4차 산업혁명이 시작되었다고 말한다. 국내의 전문가 집단 중 가장 정직하다고 느꼈던 사람의 말이 있다.

"전문가 집단이라고 불리는 우리 중 누구도 4차 산업혁명이 무엇인지 그것이 어떤 변화를 가져올 것인지를 말할 수 있는 사람은 없다고 본다."

전문가들조차 정확히 규정하지 못하고 있는 변화의 흐름, 우리가 두려워하는 건 아마도 '가장 먼저 없어질 직업'일 것이다. '내 직업은 몇 년 뒤에 기계와 컴퓨터가 대신하게 될까'하는 두려움이다. 자, 이제 우리가 창업을 해야 하는 이유가 조금은 납득이 되는가? 근로자의 위치에 머무르는 건 물 들어오는 때 물을 피하려 한발 한발 뒤로 가는 것과 다를 게 없다. 근본적인 변화 없이는 결국은 물에 발이 젖는 셈이 될 거란 얘기다. 발전하는 시대의 흐름에 발맞춰 우리는 단순 근로자의 입장을 탈피해야 한다.

당신이 속해 있는 분야에서 전문가가 돼라. 그 분야가 마음에 들고 안 들고는 다른 문제일 수 있다. 옮기고 싶다면, 새로운 분야의 삶을 선택하고 싶다면 그곳에서 전문가가 돼라. 1만 시간의 법칙을 생각한다면 지금의 자리에서 전문성을 쌓는 게 시간과 노력을 아끼게 되지 않을까 싶다. 그리고 최대한 빨리 사장이 돼라. 사장이 되라는 것은 직원을 고용해서 갑과 을로 나누어진 사회에서 갑의 포지션을 차지하라는 말이 아니다. 착한 사장, 좋은 직원의 구도는 요즘 한국에서 사라진 지 오래다. 이제는 1인 기업이 대세다. 유튜버, 강연자, 유통업자, 카페 사장 모두가 1인이 운영하는 직종들이다.

머지않아 반복적이고 고된 일들은 '대신 해주는' 기계들이 등장할 것이다. 근로자의 위치에서 가장 두려워했던 일들이 사장에게는 커다란 이점으로 다가온다. 기계는 실수하지 않는다. 기계는 예측치에서 벗어나지 않는다. 생산량과 불량률을 예측할 수 있다. 게다가 전기만 공급해주면 밤을 새워가며 일을 해준다. 이만큼 좋은 직원이 어디 있겠는가? 우리가 생각하는 범위보다 넓은 분야의 다양한 일을 하는 기계들이 속속들이 등장하고 있다. 장거리 운전을 하느라 피곤한 트럭 운전기사에게 있어 무인운전시스템이 개발되어 스스로 운전하는 트럭이 등장하는 것은 당장의 일자리를 빼앗기는 것일 수 있다. 상용화에 아직은 시간이 걸리겠지만, 시간문제일 뿐이다. 드론 택배도 마찬가지다. 지금은 상용화와 기술개발이라는 현실적인 이야기를 하고 있지만 불과 10년 전만 해도 상상이나 할 수 있었는가? 반대로 말하면 지금도 우리가 상상하지 못하고 있는 놀라운 기술들이 현실로 나타나기 위해 대기 중이라는 것이다.

사장의 입장에서 보자. 초기 자본금이 많이 들 수 있다. 기계를 구입하는 것, 설치하고 운용하는 것이 쉽지 않을 수 있다. 아무리 그래도 까다로운 직원다루는 것보다는 말없는 기계를 다루는 게 훨씬 수월하다. 직원은 쉬는 날도, 보너스도, 연봉협상도 신경 써야하는데 기계는 그렇지 않다. 물론 소모품이 있다면 주기적인 비용은 들 수 있다만, 사람만 할까. 앞으로는 이런 시대가 도래할 것이다. 아니 이제 펼쳐지고 있다. 당신은 사장이 되는 것과 직원으로 남는 것 중 어떤 것이 생존에 조금 더 유리하겠는가? 밀물이 빠른 속도로 들어오는데 아직도 한발 한발 뒷걸음질 치며 바다를 구경하겠는가?

30년 전에는 '나도 사장이 되어 봐야지', '언젠가는 사장이 되어 볼 테야'라는 꿈을 지니고 살았다면 2019년, 지금은 '생존'을 위해 사장이 되어야 한다. 직원의 위치는 독보적인 능력이 있지 않은 이상 점점 좁아진다. 더 젊고, 유능하고 적은 돈으로도 일하려는 사람들이 줄을 서고 있고, 그보다 더 무서운 전기세만으로도 불평 없이 일하는 존재들이 속속들이 양산되고 있다는 것이다. 버스나 트럭, 택배같이 단순한 것들만 사라지는 것이 아니다. 패스트푸드 매장에 가면 이제는 주문을 사람에게 하지 않고 자동화기기를 이용해야 하는 곳이 늘어나고 있다.

지금이야 기계가 할 수 없는 영역이 많다고 생각할 수 있다. 계단을 올라가거나, 갑작스럽게 사람을 피해야 하는 상황 등이 그렇다. 그러나 로봇의 발전을 눈여겨보고 있는 사람이라면 기계의 발전이 어디까지 왔는지 잘 알고 있을 것이다. 짐을 가지고 계단을 오르고, 넘어져도 다시 일어나며 주변의 장애물을 피해 이동하는 로봇기술들은 이미 세상에 나왔고 계속해서 발전하고 있다. 조금 과장해서 말하면 '사장이 아니면 이제 발붙일 곳이 없을지도 모른다.'

# 2
## 내가 하고 싶은 일을 하자

이 책을 읽는 사람들이 어떤 나이 층일지는 잘 모르겠다. 아직 사회로 나가기 위한 준비를 하고 있는 시기인가? 퇴직 후의 삶을 사장이 되기 위해 관심을 갖는 분들인가? 10대지만 미래를 생각하며 책을 꺼내 들었는가? 누구든 어떤 상황이든 상관없다. 당신이 사장이 되어야만 한다. 어떤 나이가 되면 특별히 드는 생각이 있다. 연령에 따른 행동이 고정된 사회일수록 그 생각은 동일하다. 고등학교를 졸업하면 대학을 가야 한다는 생각, 군대를 다녀오면 철이 들어야 한다는 생각, 대학을 졸업하면 취업을 해야 한다는 생각, 나이가 들면 은퇴를 해야 한다는 생각, 은퇴 이후는 편안할 것이라는 생각까지. 아쉽게도 대한민국은 마지막부터 서서히 그 생각들이 바뀌어버렸다. 지금의 10대들은 여전히 고등학교를 졸업하면 대학을 가야겠다는 생각을 하고 있는 경우가 많다. 10대 후반까지 학교에서 고정된 생활방식을 해오기 때문에 유연하게 사고하지 못하게 된 듯하다.

　은퇴 후면 여생을 편안하고 행복하게 보낼 수 있을 것이라는 생각은 IMF 때 깨졌다. 평생직장의 개념이 사라지면서 동시에 직장이 나를 돌보아준다는 개념 또한 사라져 버렸다. 영원히 나를 돌봐주는 직장은 공무원과 교사, 군인 정도로 좁아졌다. 사회에서 은퇴하는 나이가 점점 어려지고 있다. 이 역시 IMF 이후부터 서서히 생겨난 현상들이다. 정년을 채우고 사기업에서 있으려면 독보적인 실력자여야 가능하다. 엄청난 실력자가 아니고서야 사용자가 고액연봉과 맞바꾸려 하지 않을 테니까 말이다. 아쉽게도 기술의 발달은 사람이 축적해온 기술을 앞질러 버렸다. 글씨를 잘 쓰는 사람은 100년 전에 일할 곳이 많았지만, 지금은 어디 그런가. 운전을 빨리 잘하고 길을 잘 아는 사람은 30년 전에 일할 곳이 많았지만 지금은 어디 그런가. 내비게이션의 출현과 교통의 발달은 많은 사람들을 빠르게 이동할 수 있는 능력자로 만들었다.

　요점은 바로 이것이다. 기술은 발달하고 있다. 그것도 우리의 생각을 초월한 속도로 말이다. 빅데이터라는 말을 써본지도 오래되지 않았는데 이미 우리는 현실에서 피부로 느끼고 있다. 네이버 실시간 검색순위를 보며 지금 사람들은 무엇을 가장 궁금해 하는가를 확인하고 있다. 기술의 발달의 속도는 상상을 초월하고 있다. 노년의 박막례 할머니가 1인 유튜버가 되어서 광고를 찍고 엄청난 수입을 올리고 있다. 이제는 개인이 방송국이 되고 개인이 스타가 될 수 있는 시대가 되었다. 개그맨 한

민관이 '스타가 되고 싶으면 연락해'라는 유행어를 퍼뜨린 지 10년이 조금 지난 것 같은데, 개인이 스타가 될 수 있는 시대가 되어버렸다.

이제는 자기 자신을 파는 시대가 되었다. '자기 PR 시대'라는 당찬 문구가 한국에 유행했던 시기도 있는데 이제는 자기가 스스로 제작자가 되고 자기가 스스로 연기자가 되고 자기가 스스로 유통을 책임져서 돈을 벌어들이는 구조로 변하고 있다. 기술의 발달은 앉은 자리에서 버튼을 누르면 수익 구조를 만들어내는 세상으로 한국을 변화시키고 있다. 그렇다고 직장인인 당신이 바로 당장에 찍어둔 영상을 송출하는 유튜버가 되거나 실시간 방송을 하는 스트리머가 될 수는 없을 것이다. 모든 사람이 유튜버가 될 수는 없다(그럴 필요도 없고). 하지만 평생직장이라는 개념이 사라지고 있는 시대에 살고 있기에 어떠한 것이 되었든 나만의 길을 새롭게 개척해야 할 필요가 있다. 그 길 중 하나가 바로 창업이다. 새로운 길을 모색하는 것은 이제 선택이 아니라 필수이고 시대의 흐름이다. 시대라는 파도를 타지 못하는 이는 도태되고 말 것이다.

해보면 좋겠다가 아니라 해야만 하는 시대가 되었다. 모두가 연예인이 되고 모두가 사장이 되고 모두가 사업자가 되는 시대가 되었다. 하고 싶다는 생각만 있으면 할 수 있다. 이제는 사업을 시작해보자. 이런 말을 하면 무슨 사업을 하는가에 많은 생각을 한다. 물건을 팔 것인가, 서비스를 할 것인가, 유통을 할 것인가, 제조를 할 것인가. 세상에 할 일은 많지만 내가 할 수 있는 일은 없어 보인다. 그럴 때는 공부보다는 확신이 필요하다고 감히 말해두고 싶다. 길이 있을 것이라고 믿고 어두운 동굴을 헤쳐나가는 사람과 '어디에도 길은 없어'라는 마음으로 동굴을 걷는 사람 중 누가 그 곳을 빠져나갈 수 있겠는가? 나는 사업에 성공할 수 있을까? 나는 무얼 해야 하지? 어떤 아이템이 나랑 어울리지? 나는 무얼 잘 할 수 있지?라는 질문은 굉장히 세부적이고 나중에 해야 하는 질문이다. 지금은 한 가지 확신이 필요하다.

'나는 할 수 있다.'
'나는 사업을 할 수 있다.'
'나는 사업에서 성공을 맞이할 수 있다.'

이 확신이 없다면, 결국 확률 싸움이다. 어디가 더 낫다더라, 어디에 더 승산이 있다더라, 무엇이 조금 더 낫다더라. 라는 소문을 듣고 여기 저기 조금 더 나은 곳을 찾아다닌다. 이게 성적에 맞추어 대학에 가거나, 연봉과 조건에 맞추어 직장을 고르는 것과 무엇이 다르단 말인가. 그렇게 고른 대학과 직장이 당신에게 만족과 기쁨을 주었는가? 사업도 마찬가지다. 엄한 길이 예상되는 일이더라도 위의 확신의 문장을 가지고 있는 사람이라면 결국에는 해낼 것이고, 마음속에 의심과 불안이 가득한 사람이라면 그 반대일 수밖에 없다. 생존은 될지언정 불안과 고통이 사라지지 않는다. 이른바 '불편한 사장'이 되는 것이다. 당신이라면 어떤 길을 가겠는가?

사장의 장점은 여러분이 더 잘 알고 있을 것이다. 우리가 재벌이 된다고 가정해보자. 80대가 되어서 휠체어를 타고서라도 업무를 본다. 나의 결정이 커다란 사업의 절대적인 영향을 미친다. 단지 재벌이 아니더라도 우리는 우리가 원할 때까지 계속해서 일할 수 있다. 계속 소득을 창출해낼 수 있다. 은퇴는 회사에서 통보하는 것이 아니라 내가 결정할 수 있다.

계속해서 달콤한 소리로 당신을 현혹하는 것일 수도 있다. 그렇게 느낀다면 속히 회사원의 자리로 돌아가야 한다. 전쟁 같은 출근과 퇴근을 겪고 상사의 눈치와 개념 없는 후배들을 혼내고 다독이며 상관없는 일과 하기 싫은 일들을 계속해서 맡아야 한다. 선택은 당신의 몫이다. 이 책을 고른 것도 당신의 선택이듯 당신의 인생을 결정하는 것도 당신의 선택이다. 계속해서 회사원으로 살겠는가 아니면 사장이 되겠는가.

여기, 고민이 많은 김씨가 있다. 그는 좋은 집안에서 좋은 학교를 나오고 좋은 회사에서 일하는 사람이다. 재정적으로도 안전하고 결혼과 출산까지 행복의 시간들을 보내고 있다. 그렇지만 가슴 한편에는 이상한 갈증을 느끼고 있다. '세상을 위해 좋은 일을 하고 싶다'는 욕구. 자선사업가는 아니지만, 어려움에 빠져 있는 사람들에게 희망을 주는 사람이 되고 싶다는 생각이 계속 그의 마음을 이끌고 있다. 유수의 기업에서 인사·교육을 담당하고 있기에 많은 강연자와 유명인사들을 만나는 편이다. 그들의 이야기와 책을 보고 가슴이 뛴다. 자기 살고 싶었던 삶을 사는 사람들도 있었기 때문이리라.

어떻게 해야 이 사람의 인생의 갈증이 사라질까? 대기업 다니면서 때에 맞추어 승진하고 적절하게 또 다른 곳으로 옮겨 가며 가정의 경제적 상황과 자신의 사회적 위치를 유지해야 할까? 아니면 커다란 도전을 온몸으로 맞이해야 할까? 선택은 본인 몫이지만 김씨도 자신이 기업에서 머무를 수 있는 기간이 길지 않을 것이고 자신에게 새로운 인생이 시작될 것이라는 것을 느끼고 있다. 이런 사람이 있다면 당신은 어떤 조언을 하겠는가. 지금 당장 피가 끓는 대로 열정을 발휘해 당신의 사업을 시작하라. 아니면 그냥 버틸 수 있을 때까지 버티며 대기업이라는 안정감을 누리며 살아가라. 아니면 그 중간 어딘가? 열심히 당신의 내공을 쌓다가 때가 되었을 때 멋지게 퇴사하고 두 번째 인생을 준비하라.

정답은 없다고 생각한다. 세 가지 다 모두 인생이기에 아름답고 의미 있고 가치가 있다. 단지 김씨는 나와 다른 상황이고, 성향도 다르기에 내가 해 줄 수 있는 말은 제한적이다. 김씨의 주변에는 사업을 하고 있는 친구들도 많다. 각기 다른 방법으로 다양한 분야의 자기 일을 하는 사람들이지만, 한 가지 공통점은 그들은 모두 주체적 업무를 한다. 회사원들도 자기 일에 주체적으로 일을 하고 책임을 지지만 사장은 다르다. 회사의 명운이 자신의 손에 달려 있다는 것이다.

아무리 게으르고 무책임한 사람도 사장이 되면 그 모든 무게를 자신이 지게 된다. 달라질 수밖에 없는 것이다. 그 왕관을 견딜 수 없는 사람이라면 조용히 벗어두고 떠나면 된다. 나는 무능하기에 도전하지 않겠다고? 이제는 취업보다 창업이 더 쉬운 시대가 되었다.

도전하라! 시작이 반이고 결국은 마음먹은 대로 세상이 돌아가게 되어 있는 법이다.

# 3

## 장사의 본질을 파악하라

 

 

 

창업은 쉽다. 하지만 좋은 성과를 거두기는 어렵다. 문을 여는 것은 어디나 쉽지만 그다음부터는 쉽지 않은 것이 현실이다. 첫발은 용감하게 떼었으나 두 번째 발을 딛지 못해 문을 닫거나 앞으로 나가지 못하는 기업이 생각 외로 많다. 사업을 할 때 가장 쉬운 방법은 '인수'다. 누군가가 잘 가꾸어 놓은 기업을 인수할 수 있는 기회가 있다면 이보다 좋은 사업법은 없다. 물론 당신에게 그만큼의 자금과 통솔력이 필요하다. 아무것도 없는 무일푼이라면 인수를 통한 사업은 불가능하다. 적은 돈으로 사업을 시작해보는 건 어떨까? 우후죽순으로 생겨나는 가게들을 보면 요즘 인기 있는 종목이라는 것을 알 수 있다. 대한민국에 카페 열풍이 불었다. 골목골목마다 커피 냄새가 안 나는 곳이 없고, 이제는 각자 자기만의 독특한 콘셉트를 지향하는 카페들도 제법 생겨서 카페를 고르는 재미 또한 쏠쏠하다. 또 디저트 카페가 인기여서 여기를 가도 저기를 가도 온통 디저트가 넘쳐나는 시절도 있었다.

계속해서 카페나 음식점에 관한 이야기를 자주 거론하는 이유는 현재 대한민국에 새롭게 생겨나는 업종의 대다수가 카페이기 때문이다. 다른 분야의 다른 사업을 꿈꾸고 계획 중이신 분이 있다면 참고사항으로 같이 생각해 보아도 좋을 것이다. 사업의 종목은 다르지만 주요한 프로세스는 같은 부분이 많다. 사업이란 공급자가 소비자에게 상품을 판매하는 형태를 총망라한 단어이다. 영어로는 비즈니스라고 하는데 이걸 다시 우리말로 풀어보면 장사라고도 한다. 사업은 어렵지 않다. 당신이 시장에 상품을 내어놓으면 소비자가 선택하는 모든 형태를 사업이라고 말할 수 있다. 다른 분야보다 식당과 카페는 이 구조를 잘 따르는 분야의 사업이다. 좋은 음식, 좋은 커피, 좋은 음료를 만드는 레시피를 가진 사업자가 있다. 그들이 점포를 임대해서 그 안에서 소비자에게 판매할 상품을 제조한다. 손님은 점포를 방문하여 그들이 제공하는 서비스를 받아가고 적혀 있는 금액을 지불한다. 이것을 연속해서 해나가는 것이 사업주가 해야 할 일이다. 좋은 결과를 얻기 위해서 해야 할 일은 크게 세 가지로 나누어 볼 수 있다.

첫째, '내가 제공하는 상품의 질이 좋은가'이다.

## ◎ 본질에 승부를 건 코다리집

일산의 한 코다리집이 있었다. 사장님이 큰맘 먹고 한 쇼핑센터에 점포를 냈다. 이 코다리집의 사장님은 무엇보다 자신이 제공하는 음식에 커다란 자부심이 있었다. 정성스럽게 재료를 준비하고 질 좋고 저렴한 재료를 납품하는 믿을 수 있고 오랫동안 거래를 해온 거래처가 있었고, 자신의 지휘에 따라 성실히 따라줄 종업원들이 있었다. 덕분에 맛이 좋다는 이야기를 오래전부터 들어왔고 자신이 음식을 만들 때도 정성을 다해서 만든다고 자부해 왔다. 이 사장님은 어떠한 종류의 마케팅도 하지 않았다. 그런 일을 해 본 적도 없고, 직원과 본인이 바쁘게 손님을 맞이하는 시간으로도 부족했기 때문이다. 그럼에도 불구하고 그 쇼핑센터에서는 높은 매출을 기록하는 점포 중의 하나가 되었다. 어떻게 별 다른 마케팅도 없이 잘될 수 있었을까? 그것은 본질에 승부를 걸었기 때문이다.

음식점이 소비자에게 제공하는 상품은 음식, 친절 그리고 청결 등이다. 이 코다리집은 다른 것보다 본질에 최선을 다했다. 제철에 맞는 반찬을 만들어 손님에게 설명하며 대접을 하는 등 음식의 '본질'에 집중했다. 그 결과는 어땠을까? 새롭게 들어간 점포가 단골을 만들고 유지하는 것이 어렵다는 것은 누구나 잘 알 것이다. 이전에 다른 종목의 식당이었다가 종목도 변하고 사장도 변했다면 발길을 돌리는 경우가 대부분이다. 이 코다리집은 단골을 만드는 것은 물론 생존의 최소 기한인 6개월을 넘겼고(6개월을 지내보면 장사가 어떻게 되리라는 것이 손에 잡힌다), 현재는 식당가에서 높은 순위의 매출을 올리고 있다.

당신이 식당을 꿈꾸든 카페를 꿈꾸든 강연자나 작가가 되는 것을 꿈꾸든 제공하는 상품이 훌륭해야 좋은 결과를 만들어낼 수 있다. 아무리 마케팅이 화려하고 좋은 서비스로 제공한다고 하여도 본질이 흐려지면 성공하기는 불가능하다. 잘생기고 목소리 좋은 강사가 올라온들 그가 전하는 말이 따분하고 잠이 온다면 그 강사는 눈요기 이상의 값어치는 못하는 것이다. 내가 소비자에게 전해주고 싶은 것이 얼마나 좋은가, 얼마나 필요한 것인가를 계속해서 점검해야 한다. 자기 개발과 자기 연구를 지속하지 않으면 성장은 멈추고 사업의 하향곡선을 그리게 되어 있다. 우리가 경제신문에서 보는 수많은 이야기들이 거기에 있지 않은가? 당신이 식당의 사장을 꿈꾼다면 시간과 비용을 들여서 유명한 맛집을 찾아가라. 그리고 유명해진 이유가 무엇인지 연구하라.

유통의 경우는 조금 다르다. 제조의 과정을 직접 겪지 않기 때문에 상품을 고르는 안목이 훨씬 더 필요하다. 실검에 오르내리는 유명한 셀럽의 판매 상품이 하자가 있어 곤욕을 치르는 것을 종종 본다. 내가 파는 상품에 대한 안목이 없다면, 배달하는 사람과 다를 게 없는 것이다. 꼼꼼해지고 깐깐해져라. 사업의 시작이 늦어지거나 전체 프로세스가 늦춰지더라도 나쁜 상품을 판매하는 것보다는 낫다.

둘째, '소비자는 누구인가'이다. 10대 학생들에게 가서 전통차를 판매하고 60대 주부들에게 마카롱을 판매하려고 시도하는 사람은 없다. 왜일까? 소비자가 좋아하지 않는다는 것을 알기 때문이다. 당신이 주력 상품을 무엇으로 할지를 결정했다면, 그것을 주로 누가 구매할까를 생각해봐야 한다. 구매층에 맞는 단가와 포장 서비스 등을 생각해볼 수 있기 때문이다. 10대나 20대들에게 음료나 요리를 가져가라고 하는 문화는 당연하고 익숙하지만 6~70대에게는 가져다주는 서비스가 좀 더 익숙한 문화이다.

◎ 소비자 분석으로 성공적인 매출을 올린 마카롱 가게

마카롱 가게를 열려고 하는 한 사장님이 있었다. 초등학생과 중학생이 많은 거리에 마카롱집을 오픈하면서 그들의 주머니 사정에 맞는 가격과 크기의 마카롱을 개발하려고 한다. 소비자들이 얼마까지 구매가 가능한지에 초점을 맞추어 모든 상품을 개발하려 한다. 주변의 수많은 카페는 10대가 이용하기에는 단가가 높다. 10대는 쓴 커피보다는 단맛의 음료를 더 선호한다. 작고 예쁘며 오밀조밀한 마카롱을 개발하여 소비자가 지갑을 열 수 있을 만한 가격으로 제공한다면 반드시 승산이 있을 것이라는 계산이었다.

오픈 한 뒤 이른바 '오픈 발'이 발휘되는 기간에는 이웃들의 방문으로 문전성시를 이루었다. 그중에서도 돋보이는 것은 타깃층 '여자 중·고생'이었다. 여자 초등학생을 대상으로 한 화장품 소비 시장이 크게 형성된 것처럼 디저트 시장에서도 주부나 여대생만큼이나 10대 여성이 중요한 고객층이 되었다. 아기자기한 디자인을 갖추면서도 저렴한 가격대를 유지한 전략이 맞아들어 가고 있다. 이곳의 일 매출 목표는 500개인데, 조만간 달성이 가능하다는 분석이 나오고 있다.

여기에서 중요하게 돌아보아야 하는 것은 '소비자 분석'이다. 가격을 정해버리고 나면 올리거나 내리는 것이 쉽지 않기 때문에 첫 가격 형성이 매우 중요하다. 위에서는 마카롱을 예로 들었지만 당신이 준비하려고 하는 상품에 대해 소비자는 얼마의 가격을 예상하고 있을까? 인터넷으로 검색하면 최저가를 알 수 있다. 그 가격에 상응해야 사람들은 수긍하고 지불할 마음이 생긴다. 똑같은 재료로 만든 상품이라면 더 많은 금액을 지불하는 소비자는 없다. 무형의 서비스와 같이 가치를 전달하는 분야가 아닌 이상 비교할 수 있는 상품은 쉽게 검색이 가능하다. 소비자가 스마트해졌다.

마지막으로 '수요자소비자와 공급자사장가 만나는 곳이 어디인가' 하는 것이다. 식당이나 카페라면 입지가 매우 중요하다. 그래서 1층과 2층의 임대료도 가격의 차이가 크다. 교통의 요지에 있고 사람들의 눈에 잘 띄는 곳에 위치해 있는가? 그렇다면 가격이 비쌀 것이다. 중소도시의 먼 곳에 위치해 있는가? 그렇다면 저렴할 것이다. 당신이 판매할 제품이 입지와 소비자가 찾아오는 것이 용이해야 하는 상품이라면 부담스럽더라도 좋은 입지를 골라라. 식당과 카페 등은 정말 입지가 중요하다. 건물 6층에 입점한 카페라면 맛집이라고 해도 소문이 잘 안 나는 법이다.

유통이나 고객을 찾아가는 서비스를 제공하는 사업이라면 사업체의 입지는 중요하지 않다. 작은 소호사무실이나 집에 물품을 보관해두고 있다가 주문이 들어오면 온라인으로 확인하고 택배로 보내는 경우도 흔하다. 강연자나 컨설팅을 준비하는 사람들은 찾아가는 경우가 더 많다. 아니면 사람들을 모아서 강의를 하거나 컨설팅하는 강의실이나 스터니룸을 제공하는 곳도 굉장히 많다. 이런 직종을 준비한다면 본인의 사무실이 클 필요가 없다.

내가 준비하는 사업의 종류에 따라서 준비해야 할 것들이 많이 달라지지만 결국 본질은 같다. 좋은 상품을 준비하고, 구매할 층을 충분히 분석한 뒤, 만날 수 있는 접점을 마련하는 것이다. 이 세 가지만 숙지해도 당신은 성공을 향해 한 걸음 나아갔다고 할 수 있다.

# 4

## 장사를 하려면 무엇이 필요한가

　장사를 준비할 때에 무엇이 필요하겠는가? 생각해보는 것과 실제로 경험해보는 것은 다르다. 마치 결혼과 같다. 20대 초에 결혼에 대해 상상해본 적이 있는가? 아마도 아름다운 결혼식과 신혼여행 그리고 행복한 신혼의 아침을 그리고 꿈꾼다. 하지만 이미 결혼을 한 사람이라면 이에 대해 할 말이 많을 것이다. 결혼해서 생기는 장점도 분명 있겠지만, 반대로 단점도 만만치 않게 크다. 다른 인격체와 다른 가정이 만나는 것만으로 생겨나는 커다란 문화 충격이 있다.

　장사도 이와 다르지 않다. 우리가 많이 보는 성공한 사람들의 모습을 기억하는가? 맨손으로 일어서서 엄청난 규모의 회사를 세운 사람들이 내세운 가치에 따라 자신의 모든 것을 다 던져 성공을 이루었다고 이야기한다. 그러나 그들은 디테일에 대해서는 이야기하지 않는다. 회사를 세우면서 어디에서 사무실을 구했고, 함께하는 사람들과의 갈등을 어떻게 풀어냈는지, 준비해야 하는 서류는 무엇이 있는지는 이야기하지 않는다. 사실 장사는 디테일에서 커다란 차이를 가져온다. 창업을 할 때도 이 말은 유효하다. 사무실이나 점포를 구하게 되는 경우 부동산을 몇 군데를 돌아보느냐에 따라 얻을 수 있는 정보가 달라진다. 정보가 많아지면 선택의 폭이 넓어지고, 더 좋은 후보들을 두고 고려해볼 수 있다는 이야기가 된다.

당신이 창업을 준비한다면 우선 근면해져라. 사무실이나 점포를 알아본다면 많은 부동산을 돌아다니며 상권을 묻고 정보를 얻는 것이 좋다. 특별히 위치가 중요한 일식당, 음료이라면 어느 동으로 할지 정하고 그곳에서 정보를 얻자. 커다랗게 어느 구 어느 상권으로 하지 말고 어느 골목, 무슨 오피스 중심으로 하면 좀 더 좁게 시작할 수 있다. 좁은 시작은 첫 번째 타깃 고객을 유치할 수 있다는 장점이 있다. 물론 페이스북, 인스타그램 등의 SNS를 통해 유명해지면 손님들이 찾아오겠지만, 그때까지는 충분한 시행착오와 시간이 필요하다. 간판을 걸자마자 유명해지는 맛집은 없다. 중·고등학생이나 대학생을 대상으로 할지, 취업준비생, 주부, 또는 직장인을 중심으로 할지 생각해 보아야 한다.

타깃 고객층이 정해지면 메인 메뉴가 좁혀진다. 학생들은 쓴 음료보다 달고 시원한 음료에 수요가 높고 주부들은 음료에 더해 브런치를 구매하는 확률이 다른 계층보다 높다. 직장인들은 저녁에 음료와 함께 병맥주로 간단히 하루의 스트레스 날리는 것을 선호한다. 그리고 주류 판매를 위해서는 허가를 받아야 한다. 이 주 타깃층을 시작으로 단골손님을 만들고, 입소문을 내도록 해야 한다. 좁은 타깃으로 시작하여 타깃 고객층을 서서히 넓혀 가는 것은 매우 정석적인 방법이지만 그만큼 간과하기 쉬운 부분이기도 하다.

음료나 카페만 예시로 들었지만, 다른 분야의 창업도 크게 다르지 않다. 사무실이 필요한 사업이라면 최대한 보수적인 예산으로 시작하는 것을 추천한다. 고정 지출 비용이 적어야 사업의 운영에 부담이 되지 않는다. 소호사무실같이 적은 비용으로 유지할 수 있는 사무실을 추천한다. 일반적인 회사와 마찬가지로 교통이 유리한 곳이 좋다. 그만큼 가격이 상승한다는 것이 단점이지만…. 첫 사업을 시작하는 것이라면 교통이 불편하더라도 가격이 낮은 곳을 추천한다. 생각해보자. 당신은 사장이 될 것이고 출근과 퇴근은 당신의 마음대로 할 수 있다. 그렇다면 교통이 조금 불편하더라도 출퇴근 시간을 피해서 일할 수 있고 임대료 비용도 낮출 수 있는 사무실이 좋다. 장사에서 가장 커다란 비중을 차지하는 임대료를 줄일 수 있는 방법이다.

사장이 된다는 것을 일하는 직원을 두는 고용주로만 생각하는 사람이 많다. 하지만 가능하면 처음에는 직원을 두지 않는 것을 추천한다. 조직을 이루어 몸집이 커지면 그만큼 둔해지고 고려해야 할 상황이 많아진다. 당장 공휴일에 일하는 것과 쉬는 것을 두고도 많은 작은 기업들이 눈치 싸움을 하고 있지 않은가. 사장이 되면 시간이 곧 돈이기 때문에 쉼 없이 일하게 된다. 하지만 당신이 고용한 사람은 그렇지 않다. 워라밸도 중요하고 회사 안에서의 생활 또한 중요하다. 일손이 더 필요해지면 외주를 주는 것이 좋다. 가능하면 혼자 모든 것을 해결해 나갈 수 있다면 최고의 방법이겠지만, 그렇다고 무리하게 혼자서 모든 것을 해내는 것이 효율적인 것은 아니다. 이럴 때는 외주를 주고 그에 합당한 비용을 지불해라. 외주를 받는 사람도 결국 사장이거나 프리랜서고 자신에게 주어진 일을 하는 데 쓰는 수고와 시간을 비용으로 교환한 셈이기 때문에 비교적 깔끔하다. 그것 말고도 외주를 주는 효과는 상당히 크다.

몸집이 작은 스타트업이나 장사만이 경제빙하기를 견뎌내기 유리하다. 공룡이 멸종한 뒤 나타난 포유류의 첫 종種은 작은 쥐였다고 한다. 엄청난 규모의 공룡이 쓰러지자 작은 몸집의 행동이 빠른 생물들이 번성하기 시작한 것이다. 당신의 시작도 이와 같길 바란다. 작은 몸집으로 빠르게 움직여야 한다. 1인 기업이 대세인 것은 이유가 있다. 분업과 협업도 이제는 1인 기업끼리 모였다가 흩어진다. 사무실도 의미가 없고, 노트북을 들고 다니는 이상 사람=사무실인 시대가 되었다. 통신과 애플리케이션의 발달로 핸드폰으로 업무가 가능한 시대가 되었고, 디지털 노마드들은 전 세계를 누비며 일을 진행하고 있다.

너무 커다란 이야기를 했는가 싶지만 우리 이웃의 이야기이다. 그리고 곧 당신의 이야기가 될 것이다. 커다란 그림을 마음에 품고 시작을 준비하라. 당신의 업종이 무엇이든 작은 사무실과 1인 기업으로 시작하는 것이 대세가 되어버린 대한민국이다. 시작이 초라한 것 같다고 부끄러워하지 말고 용기를 내어 내 사업을 시작하자.

# 5

## 실패를 알아야 실패하지 않는다

우리나라는 성공담에 열광하는 것과는 반대로 실패담에는 너무나 담담하다. 하긴 1건이 성공하면 99건이 실패하니 실패담이 우리에게 익숙해졌기 때문인지도 모르겠다. 성공하는 법을 다룬 책은 많은데 실패를 모아둔 책은 잘 보이지 않는다. 성공은 실패를 토대로 태어나기 때문에 우리는 실패를 경험하고 익숙해질 필요가 있다. 아기가 일어나 걸을 때도, 독수리가 하늘을 날아오를 때도 수많은 시행착오를 겪는다. 시도를 하고 실패를 경험해야 성공도 할 수 있다는 것이다.

실패는 누구나 싫어한다. 하지만 그 길을 뚫지 않으면 성공을 이룰 수는 없다. 최대한 많은 실패를 경험해보길 바란다. 악담을 하느냐고? 아니다. 우리 전에 실패를 경험한 사람들이 있기 때문이다. 인간에게는 직접 경험과 간접 경험 두 가지 학습의 방법이 있다. 불이 뜨겁다는 것을 아는 방법은 두 가지이다. 직접 불을 손으로 만져보는 것과 불을 만져본 사람을 보거나 그들의 이야기를 듣는 것이다. 실패를 직접 경험하고 싶지 않다면 간접 경험해라. 창업에 도전한 사람들을 많이 만날수록 좋다. 실패한 사람들, 성공한 사람들을 가리지 말고 만나보라 당신에게 쌓이는 경험치를 느낄 수 있을 것이다. 실패했을 때, 어떻게 극복을 했는지 알아보는 것도 좋다.

실패를 하는 사람을 보면 큰 패닉에 빠져 우리도 모르게 예상치 못했던 행동을 하는 경우가 잦음을 알 수 있다. 도박장에 가보면 눈이 뒤집힌 사람들을 볼 수 있다. 명절 때 모여서 화투장을 돌려도 천 원, 만 원에 예상치 못했던 행동을 하는 사람들을 쉽게 보지 않던가. 이 패닉을 이겨내는 방법을 배워두도록 하자. 가능하면 사업을 하기 전이나 초반에 겪어보는 것을 추천한다. 초장부터 망하라는 이야기처럼 들렸다면 용서를 구한다. 작은 언덕에서 넘어지면 일어서기도 그만큼 쉽고 예방의 의미도 크다. 가파른 산에서 굴러버리면 그만큼 내상도 깊고 돌이키기 어려운 상황이 되기도 한다. 다시 한 번 말하지만, 당신이 망하라고 이야기 하는 것은 절대 아니다. 다만 이러한 실패의 사례를 알아두고 미리 준비하면 실패를 하더라도 최소한의 충격으로 넘길 수 있다.

실패하는 법은 굉장히 다양하다. 실패하는 이유를 알아두면 유용하다는 것은 두 말이 필요 없을 것이다. 그 이유는 크게 세 가지로 볼 수 있다.

첫째, 게으른 사람은 실패한다. 부지런과 게으름의 차이를 무엇이라고 해야 할까? 감히 말하자면 책임을 지는 행위를 부지런함이라고 말하려 한다. 책임을 지기 위해서 눈앞의 문제를 해결하려는 사람은 부지런하다. 부지런하지 않으면 눈앞의 문제를 해결하지 않고 그로 인해 더 큰 문제가 발생하기 때문이다. 유능하고 무능하고의 문제는 아니다. 유능한 사람일지라도 게으른 사람은 문제가 커질 때까지 기다려두고 한 번에 해결하려 한다. 당신이 이런 타입의 사람이라면, 혹은 이런 타입의 사람과 함께 일하고 있다면 그 태도를 반드시 고칠 필요가 있다. 사업은 비용의 문제다. 가래로 막을 것을 몸으로 막게 되는 때가 온다. 부지런한 사람이 성공하는 것은 너무 당연하다. 그리고 유능한 게으름뱅이보다는 무능한 성실맨이 훨씬 낫다.

둘째, 소통을 안 하는 사람은 실패한다. 너무나도 당연한 이야기이지만 잘 이루어지지 않는 경우가 많다. 사업은 나와 거래처, 나와 고객, 나와 동업자, 나와 직원이 계속해서 신호를 주고받는 행위로 가치를 창출해내고 돈을 버는 행위이다. 생각하는 시간이 길고, 자신의 결정을 잘 나누지 않는 사람들이 굉장히 많다. 성공하기 위해서는 자신의 상황을 계속해서 오픈하고 자신의 위치를 알려주어야 한다. 당신을 제외한 모든 사람은 당신을 의심하고 있다는 것을 기억해야 한다. 전화가 잘 되지 않거나, 찾아가서 만나기 어려운 사람들은 사업에서 실패하기에 딱 좋다. 시작하는 단계라면 특히나 언제든지 만날 수 있는 사람이 되어야 한다. 너무 늦은 시간이거나 소통이 불가능한 상황에 있다면, 적어도 지금 무슨 이유로 연락이 불가능하며 어느 시간 이후에 먼저 연락을 하겠다는 이야기를 해주어야 한다. 신뢰의 시작은 서로 연결되어 있다는 마음이 생길 때부터이다.

사회생활을 충분히 해본 사람이라면 당연한 일이이라고 이야기한다. 대부분의 다른 사업가들이 이미 그렇게 하고 있기 때문이다. 직장인으로서 나도 저렇게 살고 있다고 말할 수도 있다. 그러나 사업을 시작하면 다르다. 당연하다고 여겨지던 것들이 다르게 보이고 느껴진다.

셋째, 받아들이지 않는 사람은 실패한다. 소통과 비슷하게 생각할 수 있지만 조금 다르다. 받아들이는 것은 타인의 정보를 나의 것으로 소화시키는 것을 말한다. 배움이라고 할 수도 있고, 공부라고 할 수도 있다. 당신이 하는 일의 스페셜리스트가 되는 것은 너무나도 당연한데, 직장인이었다가 사장이 되는 순간 그 태도가 달라지는 경우를 종종 본다. 사소한 것에서도 배움을 받아들이려는 태도를 유지하는 사람은 어디를 가나 '무언가를 얻는' 삶을 산다. 받아들이지 않는 사람은 불만이 많고 감사가 없다.

성공의 최대의 적은 '불만'이고, '감사하지 않는 사람'에게 성장은 따라오지 않는다. 오늘의 삶을 있는 그대로 받아들여라. 지금의 감정을 있는 그대로 보고 만족과 감사할 줄 아는 훈련을 하라. 당신의 오늘을 있는 그대로 받아들인다면 당신의 내일은 더 나아질 것이다. 옛 성공학 책에 적혀 있는 고리타분한 이야기는 현대의 뇌과학이 진실로 밝혀냈다. 우리의 감정을 조절할 수 있다면 당신의 지능과 재능 또한 다르게 발현될 수 있다는 결과들이 속속들이 드러나고 있다. 감사와 만족은 당신을 성공으로 이끄는 강력한 동력이 될 것이다.

함께 일하는 사람과 트러블을 내면서 나에게 무슨 문제가 있었나 돌이켜 보았다. 많은 문제가 있었지만 그 중 저 세 가지가 가장 두드러지는 문제였다. 주변에 실패하는 여러 사장님들을 보면 대부분의 문제는 앞의 세 가지에서 나왔다. 이러면 나도 실패하는 게 아닌가 하는 두려움에 모든 걸 포기하고 싶어지고 도망가고 싶어질 때가 자주 있었다. 당신은 어떤가? 내가 그것을 극복해 낼 수 있는 방법은 있는 그대로 인정하고 받아들이는 것이었다.

◎ 무책임으로 인해 실패를 겪은 A카페의 사장

경기도에 A카페가 있다. 이곳의 사장님은 하루 두 시간 마감 시간에 근무를 하고 오픈부터 나머지 시간까지는 직원을 쓴다. 이 사장님은 2년째 카페를 운영해오고 있지만, 레시피나 가격이 그다지 좋지 않았다. 직원들의 불친절로 카페 운영이 어려움에 몰리자 경험이 풍부한 직원으로 교체하고 카페를 개선해 나갈 방법을 찾기 시작했다. 원두를 교체하고, 가격을 조정하고, 인테리어를 재배치하고 디저트를 도입했다. 경험이 풍부한 직원의 역할이 컸다. 그 결과는 어떻게 되었을까? 일 매출이 20%가량 상승했고, 단골손님들이 '맛이 좋아졌다'며 호평이 늘었다. 원래부터 소통하는 사람이었다는 증거다. 좋은 기회가 오자 매출이 성장했다. 하지만 부지런한 사람은 아니었다.

원래 A카페의 사장은 카페와 가족의 다른 사업까지 두 가지 일을 하고 있었는데, 카페보다 다른 사업이 더 수익이 좋았다. 그런 상황이 되자, 카페는 점점 관심을 놓기 시작했고, 직원에게 모든 것을 맡기어 버리는 상황까지 이르렀다. 자신의 카페에 책임을 지지 않던 사장은 결국 다른 사람에게 매각하게 되었고, 카페를 접게 되었다. 2년 전, 사업을 인수할 때와 비교를 해보면 막심한 손해를 입었다고 볼 수 있다. 모든 집기와 인테리어를 염가에 권리금으로 책정했고, 2년간 면을 익혔던 단골손님을 고스란히 넘겨주었기 때문이다. 만약, 사장이 부지런했다면 어떤 결과를 가져왔을까? 적어도 커다란 손해를 보며 사업을 인계하지는 않았을 것으로 보인다.

이 게임의 승자는 직원으로 보인다. 자신이 가진 레시피와 노하우를 무료로 카페에 주었지만, 그 또한 리스크 없이 자신의 사업을 연습해 볼 수 있었다. 적극적인 사장과의 소통으로 매출이 적은 메뉴를 정리했다. 거의 모든 시간을 혼자 일하며 기존의 단골손님을 자신의 손님으로 만들었다. 새롭게 인수한 사장에게 좋은 인상을 남겨 지금도 여전히 일하고 있다. 그리고 현재의 매상은 직원이 입사하기 전과 비교했을 때 200%를 넘겼다.

앞의 세 가지 실패 이유를 당신의 사업과 비교해보라. 당신은 어느 부분에서 뛰어나고, 어느 부분이 성장해야 하는가? 실패 이유를 비교해보고 적용하는 순간 당신도 매출이 느는 것은 물론이고, 약점을 발견하고 강화할 수 있는 커다란 동력이 될 것이다. 당신의 사업체에도 마찬가지다. 개선은 아주 작은 부분이다. 힘들다고 숨이 막히는 곳까지 당신을 끌어내라는 것이 아니다. 아주 작은 변화로부터 사업체는 바뀔 것이다. 성공한 모든 사람들은 어느 한순간에 떠오르지 않았다. 아주 조금씩 그렇지만 부단히 그들은 개선해 왔고, 성장을 했으며 마침내 최고가 되었다. 개선하기를 즐겨라. 그렇다면 당신도 그들처럼 될 것이다.

## 준비된 자만이 승리를 거둔다

사전준비가 철저한 사람이 승리한다는 것은 누구나 아는 당연한 이야기일 것이다. 너무나도 뻔하고 모든 사람이 알고 있는 이야기를 계속해서 지면에 할애하는 이유는 모르는 사람들을 알게 하려는 게 아니라, 그만큼 중요하기에 알고 있는 것을 잊지 않게 하기 위해서이다. 실제로 준비가 부족해 망하는 일은 사업의 현장에서 심심치 않게 일어난다. 자금이 준비되어 있고 충분한 경험을 하였으며 자신감이 충분한 사람은 사업이라는 아주 길고 지루하고 아슬아슬한 상황을 이길 힘을 얻게된다.

첫 준비는 사업자금이다. 장사를 하기 위해서는 자금 준비를 가장 자주 접하게 되는데, 이는 거대한 두려움으로 다가오는 경우가 보통이다. 하지만 늘 있는 일이기 때문에 반대로 준비하는 것이 수월할 수 있다는 것을 알아야 한다. 대출을 받고 빚을 지라는 것은 아니다. 재정에 대한 계획을 세우고 시작하라는 이야기이다. 더 자세한 것은 재정전문가와 상의할 수 있겠지만, 커다란 흐름은 이렇다. 내가 가진 돈과 내가 대출받을 수 있는 돈을 합친, 유통 가능한 총 금액으로 계획을 세운다. 그리고 현재의 사업의 상황으로 볼 때 유통되는 자금을 보수적으로 사용할지, 적자를 내더라도 과감하게 사용할지를 결정한다. 이것이 앞으로의 거다란 지출의 흐름을 정한다.

예를 들면 재료, 임금, 월세, 세금 등과 같은 부분이다. 그리고 여유분으로 준비해야 할 금액의 비율을 결정한다. 시뮬레이션을 한 뒤 어느 정도의 수입이 필요한지 계산한다. 단, 시뮬레이션과 현실은 다를 수 있다는 점을 명심해야 한다. 때문에 머릿속으로 '얼추' 얼마라고 계산하지 말고 계산기를 두드리며 직접 종이에 쓰는 것이 좋다. 자금을 정리하다 보면 필요한 금액이 정리가 된다. 다음으로 이 비율을 무너뜨리면 안 된다. 유연하게 움직일 순 있지만 그걸 넘어서는 자금의 유통 흐름이 생기는 순간 나도 감당할 수 없는 파도가 되어서 쓸어버리게 될 수 있다는 것을 명심하라.

사업은 도박이 아니다. 철저한 계획 속에서 이루어지는 지루한 계산 과정이다. 사업을 시작하고 첫날부터 손님이 오는 것은 아니다. 서서히 늘어나는 시점이 있고, 고점을 찍고 서서히 내려가는 부분이 있다. 치명적인 실책을 저지르지 않는 이상 모든 그래프는 완만하게 움직인다는 것을 기억하라. 세월호와 메르스처럼 사회적으로 큰 반향을 일으키는 일들이 갑작스럽게 발생해서 사업에 영향을 미치는 경우는 어쩔 수 없다. 그렇게 문 닫은 집이 정말 셀 수없이 많지 않은가. 하지만 이러한 갑작스런 불경기는 소나기와 같아서 그 순간을 견디면 사업은 회복될 수 있다. 철저한 준비가 되어 있다면 한때의 어려움은 견뎌낼 수 있다.

두 번째 준비는 다양한 경험이다. 카페를 여는 사장님들의 이전 직업은 직장인인 경우가 많다. 보통 직장생활에 염증을 느껴서 카페 창업에 도전하는데, 학원이나 창업센터에서 잠시 배우고 창업을 하는 경우도 적지 않다. 이렇게 되면 창업을 한 뒤 겪게 되는 '초보 사장'의 고단함을 온몸으로 겪어야 한다. 직원이 아니라 사장으로서의 책임감도 무거운데 커다란 규모라 직원까지 두어야 한다면 감당해야 할 부담감은 몇 배가 될 것이다. 퇴근 시간만을 기다리며 엉덩이가 들썩였던 사람이었다가 월급과 월세와 공과금 등의 지출이 얼마인지 계산기를 두드리며 수지타산을 계산하는 사람으로 바뀐다는 것은 남자가 여자로 바뀌는 것만큼이나 힘들다. 초반에는 수입이 거의 없거나 마이너스의 연속일 확률도 높다. 이러려고 내가 창업을 했는가 하는 마음고생도 할 것이다.

사장의 한 가지 기본소양은 '적극적인 행동'이다. 누군가가 시켜야 일했던 '직원의 입장'에서 일을 만들어 소득으로 이어내며 일자리를 만드는 '사장의 입장'이 되어야 한다. 쉽지 않다. 내 밥그릇 채우기 쉽지 않은 게 요즘 사정 아니겠는가? 가능하다면, 먼저 관련된 일을 해보고 창업을 하는 것을 추천한다. 식당에서 주방장으로 몇 년의 경력이 있다면 식당 경영의 절반 이상은 알고 시작하는 것이다. 그런데도 사장의 입장이 되면 또 다른 것들이 눈에 들어오기에 또 배워야만 한다. 한꺼번에 다양한 경험을 직접 몸으로 받아내고 싶지 않다면 경험의 준비를 충분히 다지고 시작하라. 물론 아무리 준비를 해도 사장이 되는 순간 느끼게 되는 부담감은 새롭다.

세 번째로 준비해야 할 것은 사업을 시작하겠다고 하는 마음의 준비이다. '일을 하다 보면 마음의 준비가 당연히 되지 않겠어?'라고 쉽게 생각하는 경우가 많다. 경험을 통해서 마음이 여유가 생기고 자금이 잘 결정되어서 불안함이 지고 이제 시작을 하면 되겠다고 느껴지는가? 대부분의 사람은 마음 준비 훈련을 거의 받지 않고 살아왔기 때문에 마음의 준비를 따로 하라는 것에 의문을 품는다. 사람은 타고난 대로 간다고 생각한다. 장사를 하는 성격이 따로 있다는 말도 있지 않은가. 그러나 정말 사업을 할 사람이 따로 있어서 타고난 사람은 사장이 되고 소극적인 사람은 남 밑에서 월급만 받아가며 살아야 하는가? 그렇지 않다.

소극적인 사람들의 특징은 '불안'에 취약하다는 것이다. 그들은 '사업을 하고는 싶지, 하지만 너무 위험해'라고 말한다. 나에게는 위험하고 남에게는 위험하지 않은 것일까? 아니다. 누구에게나 같은 확률의 리스크가 있다. 다만 불안하기에 실제 리스크보다 자신이 생각하는 리스크를 크게 부풀려 포기하는 것이다. 우리가 불안해하는 문제의 90%는 사실 일어나지 않는다는 연구 결과를 들어보았을 것이다. 불안은 우리 앞에 있는 기회들을 보지 못하게 한다. 현재의 삶을 바꾸고 싶다면 불안을 이겨내야 한다. 의지가 꺾일 것 같다면 현재의 가혹한 삶과 변화된 삶의 모습을 저울질해보자. 불안을 이겨 낸다면 누구라도 지금보다 더 나은 삶을 살아갈 수 있다.

시간이 지나면 장사하는 마인드로 변해 간다고, 별의별 사람들을 만나면서 배우고 변해 가는 거라고 이야기하기도 한다. 하지만 상처를 받고 그냥 덮고 오랜 시간 지나면서 무뎌지기를 기다리는 게 옳을까? 어떤 사장님을 만나면 고집쟁이 노인 같다는 느낌을 받는 분이 있다. 어떤 얘기를 하더라도 듣지 않고 마이웨이를 가시는 분. 또 한 사장님은 고객의 말이 무조건 옳으며 연신 굽실굽실하는 사장님도 보았다. '장사를 하려면 어쩔 수 없다!'는 게 그분들의 표현이었다. 정말 그럴까?

사업을 시작하면 목표를 향해 나아가기 위해 꼭 해야 할 일들에 대해 분류를 하는 목표 관리 수업과 직원들이 고객을 향한 서비스 표현을 배우는 서비스 수업이 필요하다. '고객님 캐러멜 마키아토 나오셨습니다'같은 우스운 불상사를 대비하기 위해서는 반드시 실행되어야 한다. 또한 하루, 일주일, 한 달, 일 년을 계속해서 같은 에너지로 사업을 진행하려면 시간 관리를 할 줄 알아야 한다. 개인 시간 관리와 직원 시간 관리, 업장의 시간 관리법도 배워야 한다. 보통 사장님들은 자신들이 이러한 방법을 다 알고 있고, 실행하고 있으며, 직원들에게도 잘 가르치고 있다고 생각한다. 그들의 착각이다. 극히 일부를 제외하고는 제대로 알고 실행하고 가르치는 곳이 없다.

컨설팅을 위해 방문하는 업장에 가보면 효율을 극대화하는 사장님은 흔하지만, 직원을 배려하는 사장님은 드물다. 계속해서 전략을 수정하는 사장님은 흔하지만, 긴 호흡으로 업장을 이끌어가고 전략을 세우는 사장님은 드물다. 하루에도 여러 차례 방침은 바뀌지만 장사 철학은 없다. 이런 문제들은 교육의 부재에서 비롯한다. 의욕과 사명감은 있지만, 그래서 어떻게 하겠다는 게 없다. 큰 그림을 보는 안목이 부족하다. 비난하는 것이 아니다. 필요를 설명하는 것이다.

대기업이나 고위 공무원도 아니고, 하루 벌어 하루 먹고사는 사람인데 그게 뭐 필요하냐는 대답들을 많이 하신다. 하지만 초등학교에 가도 연간 계획과 학기 계획이 있다. 급훈이 있고, 반마다 정해진 약속들이 있다. 나는 이것이 장사에 있어서 반드시 필요한 분야라고 생각한다. 요식업이나 서비스업의 경우 1년 안에 80% 가까이 폐업을 한다고 이야기한다. 물론 가장 유연성이 높은 분야라서 대체할 수 있는 것도 많고, 기존의 업체가 많기도 하다. 차이점을 가져야 살아남을 수 있다.

자본으로 버티는 게 답이라고 말하는 분들도 있지만, 그보다 더 좋은 방법은 남들이 하지 않는 방법을 사용하는 것이다. 목표 관리 교육, 고객서비스 교육, 시간 관리 교육을 통해서 체계가 잡힌 사업장, 미래를 그리는 사업을 만들어 가는 것. 적어도 오늘 벌어 오늘 먹고 사는 사업체에서는 벗어나야 할 것 아닌가? 그 자본으로 버티면 된다고 말하는 대다수의 업장은 그런 입장은 아니다. 적어도 이번 달 벌어서 이번 달 먹고 사는 사업체이거나 올해 벌면 올해는 버티는 업장이 더 많다. 좀 더 긴 과정의 계획, 좀 더 치밀하고 다양한 계획들을 만들어 실천한다면 그러한 이야기는 더 이상 하지 않을 것이라고 확신한다.

## ◎ 모소 이야기

중국 동부 지방에 새로 이사 온 장사꾼이 있었다. 그의 눈에는 모든 것이 새로워 보였다. 그런데 아무리 보아도 도무지 이해가 안 되는 게 있었다. 바로 그 지방 농부들이 키우는 대나무였다. 농부들이 심은 대나무는 다른 곳의 대나무와 달리 제대로 자라지 않았다. 자라기는커녕 작은 싹 하나도 제대로 틔우지를 못했다. 장사꾼은 농부들에게 어째서 그런 대나무를 심는지 물었지만, 그들은 웃기만 할 뿐 별다른 답변을 해주지 않았다. 한 해가 지나도 대순은 돋지 않았고, 그다음 해에도 마찬가지였다.

장사꾼은 그것을 보면서 농부를 탓했다. 그런데 5년째가 되자 대나무밭에서 갑자기 죽순이 돋기 시작했다. 헤아릴 수 없을 정도로 한꺼번에 많은 대나무들이 하루에 한 자가 넘게 자라기 시작했고, 6주가 채 되기도 전에 15미터 이상 자라나서 빽빽한 숲을 이룰 정도가 되고 말았다. 농부들이 그제야 칼을 꺼내 들고서 대나무를 베어내기 시작했다. 장사꾼은 그 광경을 도무지 믿을 수 없어서 한 농부에게 이유를 물었고, 농부는 이렇게 말했다.

"자네는 잘 모르겠지만 '모소'라는 이름을 가진 이 대나무는 순을 내기 전에 먼저 뿌리가 땅속으로 멀리 뻗어 나간다네. 그리고 순이 돋으면 길게 뻗은 그 뿌리로부터 엄청난 자양분을 얻게 되어 순식간에 키가 자라는 것일세. 5년이라는 기간은 말하자면 뿌리를 내리는 준비 기간이라 할 수 있지."

모소 대나무는 심은 지 4년 동안은 전혀 자라지 않는다고 한다. 그러나 5년째가 되면서 자라기 시작해 6주 만에 15미터 이상 성장한다. 오랜 기간 동안 자신을 감추고 미래를 준비하고 뿌리를 가꾸면서 때가 되었을 때 힘차게 뻗어 나갈 수 있도록 그렇게 땅 밑에서 인내한다는 것이다. 자신이 흔들림 없이 뻗어 나갈 수 있을 때 비로소 자신을 드러내는 것이다.

올 한 해의 목표를 세우는 것부터 시작하길 바란다. 한 해, 한 분기, 한 달, 한 주, 하루. 거대하고 웅장한 꿈에서부터 오늘 해야 할 일까지 쪼개서 할 일을 정하는 것. 이것을 목표를 세우고 계획을 설립한다고 말할 수 있다. 이게 하루에 몇 자씩 자라게 해줄 '준비'인 셈이다. 그것 말고도 많은 것들이 더 필요하다. 지금도 늦지 않다는 것을 다시 떠올리고, 새삼스럽더라도 종이를 꺼내어 계획을 글로 써보자.

# 2장

# 마인드 관리 :
## 흔들리지 않고
## 굳건하게

당신이 바라거나 믿는 바를 말할 때마다
그것을 가장 먼저 듣는 사람은 당신이다.
그것은 당신이 가능하다고 믿는 것에 대해
당신과 다른 사람 모두를 향한 메시지다.
스스로의 한계를 두지 마라.

— 오프라 윈프리

# 포기하지 않으면 돌파구가 보인다

'옛말에 호랑이 굴에 잡혀가도 정신만 차리면 산다'는 말이 있다. 우리나라는 올림픽이나 월드컵에 나가면 늘 '투혼'을 이야기한다. 상황을 마주하는 마음가짐에 따라 결과가 좌지우지되기 때문이다. 성공하기 위해서는 어떤 마음가짐을 가져야 할까? 목표를 이루기까지 포기하지 않는 마음이다. 포기하지 않으면 결국에는 당신의 손에 성공을 쥘 수 있을 것이다. 엄청난 실패 속에 뒹굴었지만 결국에는 성공을 거머쥔 혼다의 창업자 혼다 소이치로의 이야기를 통해 포기하지 않는 마음가짐이 어떤 것인지 알아보겠다.

◎ 혼다 소이치로 이야기

1938년의 혼다는 꿈 많은 청년이었다. 어려서부터 기계에 관심이 많았던 그는 자신이 만든 부품을 일본의 대표적인 자동차 회사인 도요타에 공급하는 것이 꿈이었다. 낮엔 학교에 가고 저녁에는 연구를 거듭했다. 돈이 부족해서 아내의 패물까지 저당 잡히면서 일했다. 도요타에서 자신의 부품을 구매할 것이라 확신했지만, 시제품이 나오자 거절당했다. 그로 인해 그는 파산했고 좌절했다. 그의 교수들과 친구들은 그런 그를 비웃었다. 그래도 그는 포기하지 않았다. 2년을 더 노력했고, 결국 도요타는 그의 제품을 샀다.

혼다의 시련은 여기서 끝나지 않는다. 공장을 지어야 하는데 하필 2차 세계대전이 벌어진 시기였기에 공장을 지을 수 있는 상황이 아니었다. 그는 친구들과 힘을 합쳐 고생 끝에 공장을 지었다. 그러나 그의 노력을 흙발로 짓밟듯 미군의 폭격기가 그의 공장을 폭격하기 시작했고, 공장은 거의 다 무너져 내렸다. 그런데도 그는 굴하지 않고 직원들을 불러 모아 독려했다. "밖에 나가서 비행기를 잘 보고 연료통을 떨어뜨리거든 잘 봐 두었다가 모두 주워오세요. 거기에 우리 제품을 생산할 새로운 물질이 포함되어 있습니다." 이는 당시 일본 어디에서도 구할 수 없는 물질이었다.

전쟁이 끝났을 당시 일본은 엉망진창이었다. 온 나라에 석유를 포함한 모든 자원이 고갈되었다. 혼다는 식구들 먹일 음식을 사러 시내로 나갈 수도 없었다. 시내에 나갈 연료조차 없었기 때문이다. 그래도 혼다는 좌절감이나 무력감을 느끼지 않았다. 오히려 '내가 가족을 먹여 살리기 위해서 할 수 있는 일이 어떤 것이 있을까? 지금 가진 것을 어떻게 이용하면 목적을 달성할 수 있을까?' 하고 끊임없이 궁리했다. 그의 눈에 모터가 들어왔다. 예초기에나 쓰이던 모터를 자전거에 부착해볼 요령이었다. 최초의 오토바이는 이렇게 탄생했다. 그것을 몰아 시내에 나가서 음식을 사 왔고, 그 모습을 본 사람들로부터 자신들에게도 만들어 달라는 주문이 들어왔다. 갑자기 모터를 단 자전거를 만들려다 보니 모터가 금세 소진되었다. 그는 이를 기회로 모터를 단 자전거를 만드는 공장을 세우기로 한다. 그렇지만 그는 돈이 없었고 전 일본이 폐허가 되었다. 이런 상황에서 그는 어떻게 공장을 지었을까?

혼다는 당장 방법이 없다고 해서 포기하거나 신세를 한탄하지 않았다. 대신 문제를 해결할 수 있는 방법을 계속 끊임없이 생각했고, 문득 기발한 아이디어를 떠올렸다. 전국의 자전거집 사장들에게 투자 요청 편지를 쓰는 것이었다. 자신이 발명한 모터를 단 자전거를 사용해 기동력을 높인다면 전 일본이 다시 활력을 되찾을 것이라고 말했다. 1만 8천 곳에 보낸 투자 제안서는 3천 곳에서 빛을 보았다. 투자금을 얻게 된 것이다. 그 돈을 바탕으로 첫 생산을 시작했다. 그렇게 혼다는 성공을 거두게 되었을까? 아니다. 처음 나온 모터 자전거는 실용성이 떨어졌다. 너무 무겁고 덩치가 커서 사려는 사람이 없었다. 그는 전략을 바꿔서 작고 가볍게 만들었다. 그렇게 탄생한 게 혼다의 첫 오토바이 '슈퍼커브'이다. 이 제품은 천황상을 수상했고 엄청난 성공을 혼다에게 가져다주었다. 모든 사람이 그를 바라보며 그렇게 기발한 생각이 떠올랐으니 얼마나 운이 좋은 사람이냐고 하며 그를 부러워했다. 과연 혼다는 운이 좋은 사람일까?

절대로 포기하지 않기로 하는 것. 그다음 '이 상황을 어떻게 헤쳐나 갈 것인가?' 라고 자신에게 질문하는 것. 이것이 혼다에게 배워야 할 점이다. 그때는 전쟁이 끝난 뒤였다. 모든 사회시설이 무너진, 모두가 가난한 그런 시절 말이다. 우리에게 주어진 상황은 그와는 다르다. 산업은 빠르게 발전하고 있고, 우리에게 위기라는 함정과 함께 기회라는 행운이 동시에 깃들고 있다.

앞 상황으로 돌아가자. 눈앞에 보이는 것이 절망이고 어디로 가는지 모르는 표류상태라고 느껴진다면 결정해야 한다. 지금부터 절대로 포기하지 않겠다고! 이를 악물고 소리를 질러라. 절대로 포기하지 않는다고. 쉽게 이루어지는 성공스토리는 없다. 위기는 언제나 있다. 하지만 신은 한쪽 문을 닫을 때 반드시 반대쪽의 문을 열어두는 법이다. 하늘이 무너져도 솟아날 구멍이 있다는 속담도 있다.

내가 해줄 수 있는 말은 그 말을 적어두고 하루에도 수십 번 흔들리고 좌절할 때마다 다시 글을 보고 기분을 새롭게 하라는 것뿐이다. 포기하지 않고 자기 자신에게 이 상황을 어떻게 헤쳐나갈 것인가 계속해서 묻는다면 나의 무의식이 가끔 좋은 답을 들려주곤 한다. 현재 경제 상황이 그리 좋지 못하다. 아니 나쁘다. 하지만 그것은 나뿐만이 아니라 모두가 나쁜 상황 속에 있다.

망하는 사람이 속출한다. 반대로 신흥 부자들도 속출한다. 둘 중에 선택할 수 있다면 무엇을 고르겠는가? 나는 불가능할까? 지금의 상황을 이겨내고 성공으로 가는 것이 불가능할까? 남들도 안 되니 나도 안 되는 게 당연할 걸까? 제발 그렇지 않다고 답해 달라! 지금 이 순간 어느 곳에서 성공을 거머쥐고 있는 사람들이 많은데 나도 그렇게 될 수 있다고 외쳐라. 당신도 그 주인공이 될 수 있다. 단, 그렇게 되겠다고 마음먹어야 한다. '성공할 생각이 전혀 없어'라고 말하는 사람에게 찾아와 주는 성공은 없다. 세상에 1%만 성공할 수 있다면, 그게 내가 되어야겠다는 다짐을 하라. 절대로 포기하지 않는다면 나에게도 그 기회가 찾아온다.

사실, 절대로 포기하지 말라는 말은 폭력적이다. 어떠한 상황에서도 굽히지 말라는 것은 비인간적이다. 결코 열정을 잃지 말라는 것은 정말이지 너무하다. 역사 속의 위인과 언론에서 말하는 성공하는 사람들이라고 해서 단 한 번의 포기와 좌절 없이 성공한 것은 아니다. 때로는 잠시 쉬어 갈 필요가 있다. 지친 몸과 마음을 회복해야 한다. 그렇게 비축한 힘으로 실패하더라도 다시 일어서자. 가끔은 의지를 굽혀도 좋다. 하지만 쓰러지지는 마라. 아예 의지를 없애는 것보다 잠시 굽히는 것이 100배는 낫다. 현실이 엄혹하고 말이 안 되게 어려워 당장 답이 보이지 않을 수 있더라도 '이 상황을 어떤 방법이면 해결해 나갈 수 있을까?'라는 질문을 되뇌이며 돌파구를 궁리하자. 편한 삶, 흘러가는 삶이 아니라 자신이 목표로 삼은 것을 이루기 위해서는 결국 포기하지 않는 것이 중요하다.

내게는 커다란 바람이 한 가지 있다. 우리나라에 수많은 성공한 사람들이 배출되길 바라는 것이다. 성공한 사람들은 정말 수많은 고비를 넘기며 자신의 자리를 지킨다. 다른 사람들은 보지 못했던 노력과 끈기가 있었고, 그 밑에는 좌절과 눈물도 있을 것이다. 그런 사람들을 만나보고 이야기를 들을 때면 마음속에 깊은 울림이 느껴진다. 내가 너무 철없고 낭만스러운 소리를 하고 있나고 생각하는가? 설고 그렇지 않다.

이 글을 읽는 분 중에도 크게 성공하는 분들이 있을 것이고, 앞으로도 계속 배출될 것이다. 성공을 향해 포기하지 않고 나아가는 당신은 절대로 실패할 수 없다. 지금은 실패한 것처럼 보일지라도 말이다. 해가 뜨기 전 새벽이 가장 어둡다고 하지 않는가. 떠오르는 해처럼 강력하게 떠오르길 내가 가진 모든 힘을 다해 당신을 응원하겠다. 그러니 주먹을 쥐고 새롭게 일어서라!

# 2
## 끊임없이 변화를 갈구하라

신흥 부자들이든 전통의 부유한 금수저들이든 그들의 공통점은 자신을 관리할 줄 알았다는 것이다. 그중 첫 번째가 바로 마인드 관리이다. 그러니 '변화'를 원한다면 책장을 잠시 덮어두고 심호흡을 한 번 크게 한 후 정신을 가다듬자. 세계적으로 명성이 자자한 사람만 자기 관리를 하는 것이 아니다. 그들도 시작은 별 볼이 없었다. 가난했고, 자신의 충동을 제어하지 못했고, 배운 것도 없었다. 그렇지만 그들은 한 가지를 가슴에 품고 있었다. '변화'를 원하는 강한 마음이다. 현재 자신의 삶에 만족하지 않았다.

오프라 윈프리를 아는가? 세계적인 인물이고 흑인, 여성으로서 차기 미국 대통령 후보로 거론될 만큼 대단한 영향력을 지닌 사람이다. 그녀의 아픈 과거는 우리가 너무나도 잘 알고 있다. 그녀도 자신의 삶이 바뀌기 원했고, 여러 가지 방법들을 통해서 자신의 인생이 바뀌었다고 말하고 있다. 또 다른 예를 들어보자. 농구의 황제로 불리는 마이클 조던이 중학교 시절에는 학교 대표에도 끼지 못했다는 것을 알고 있는가? 그 뒤로 그는 변화를 원했다. 그것도 아주 강렬하게. 조던은 여러 가지 훈련을 통해 성장했고, 지역과 미국을 넘어 세계의 농구계를 바꾸는 사람이 되었다.

이들의 공통적인 특징은 시작이 불우했다는 것이다. 포기하고도 남을 상황이었다. 가진 것도 배운 것도 없는 사람들이었다. 그런 사람들이 세계적인 인물이 되었고 많은 사람에게 꿈과 희망을 주는 사람이 되었다. 그 시작은 무엇일까? 바로 '변화'를 바라는 마음이었다.

단, 변화의 마음가짐을 가지고 성공을 향해 가는 그들은 삶의 목표를 자신의 삶이 더 풍족해지는 데 두지 않았다. 그들의 시선은 어려운 이웃을 향해 있었고, 주변의 삶이 나아지게 하기 위해 힘썼다. 기부를 시작했다. 그러나 기부만으로는 사람의 근본이 바뀌지 않는다는 것을 깨달았고 자신의 성공 이야기를 해주기 시작했다. 수많은 사람이 그들의 이야기에 열광했고 그들의 삶의 모습을 따라 하려는 사람들이 속출했다. 훌륭한 선수가 되기 위해서, 성공한 방송인이 되기 위해서 많은 사람이 도전을 받았다.

한 가지 바라는 점이 있다면, 변화의 방향을 단순히 창업에 성공해서 부자로 사는 삶으로 한정짓지 말고 선을 행하며 사는 삶을 지향했으면 한다. 우리가 돈을 목표로 해서 많은 돈을 얻는다면 그 후에는 무엇을 하며 살 것인가? 여유로운 생활과 더 많은 부를 위해 시간과 에너지를 쓰면서 자신의 삶의 가치를 돈에 두고, 다른 사람의 삶과 자신의 삶을 비교하며 순위를 매기는 것에 행복을 느끼며 살 것인가?

돈을 많이 버는 것도 좋고, 유명한 곳을 여행하며 새로운 느낌을 얻는 것도 좋다. 단, 거기에 한 가지를 추가하자. 많은 사람에게 희망과 꿈이 되어주는 것을 목표로 하는 것이다. 작은 식당에서 사업을 시작해 많은 어려움과 고통의 시간을 지나 보내더라도 결국 당신은 성공해서 많은 사람이 부러워하고 따르는 부유하고 훌륭한 사람이 될 것이다.

그 이후에 사업 초창기, 자신의 모습과 같은 사람들을 키워주었으면 하는 것이다. 대한민국의 미래를 두려워하는 젊은이들에게 창업으로 꿈을 꾸게 해주는 사람 말이다. 당신을 롤모델 삼아 바라보는 그들의 초롱초롱한 눈빛을 기대하며, 그날을 기약하고 오늘의 어려움을 꿋꿋하게 이겨나가길 바라는 것이다. 상상해보자. 몇 년 뒤, 당신은 책과 방송 SNS에서 인기를 누리며 많은 사람에게 사랑과 인기를 누리는 성공한 경영자가 되어 있다고 말이다. 당신을 추종하고 따르는 젊은이들을 위해 당신이 살아온 길을 보여줘라. 이 얼마나 멋지고 숭고한 길인가! 단순히 돈으로 젊은이들을 돕지 말고 그들이 성공하게끔 사람을 키우는 시대의 멘토가 되자.

너무 멋지고 좋은 뜻이지만, 그게 무슨 말도 안 되는 소리냐고 하는 사람들이 있을 것이다. 꿈과 목표는 크고 웅대해야 그에 가깝게 이룰 수 있다. 물론 그저 커다란 꿈 하나만을 두고 이룰 수 없으니 대충 인생을 살아도 문제 될 것 없다고 말하는 것이 아니다. 자신의 꿈과 목표에는 반드시 책임을 져야 한다. 자신의 인생이니까. 그런데 오늘 입에 풀칠하기 위해, 내 아파트가 조금 커지고 내 차가 조금 비싸지는 것에 목표를 맞추기엔 당신은 너무 큰 사람이다. 그렇게 하기엔 당신이 아깝다. 오늘 하루의 매출에 폐업을 걱정하며 전전긍긍하더라도 커다란 꿈을 갖는 것을 포기하지 마라. 웅대한 포부를 철회하지 마라.

### ◎ 토니 라빈스 이야기

어린 시절 토니의 집은 정말 가난했다. 미국의 커다란 명절인 추수감사절이면 보통의 미국 가정에서는 칠면조를 굽고 파이를 만드느라 정신이 없다. 그러나 토니의 집은 조용했다. 있는 것 없는 것 죄다 긁어모아도 명절에 어울리는 식사 한 끼 제대로 마련할 수 없었다. 동네 구호단체를 찾아가면 온갖 모양을 낸 칠면조 요리를 먹을 수 있었지만 자존심이 허락하지 않았다. 어떻게든 손에 가진 것으로 때워 볼 참이었다.

힘겨운 상황이 그들을 좌절과 절망으로 내몰다 보니 부부 사이에 돌이킬 수 없는 거친 말이 오갔다. 토니는 세상에서 둘도 없이 사랑하는 엄마와 아빠가 화를 내다 못해 결국 풀이 죽어버리는 것을 보면서 망연자실하여 절망에 빠지고 말았다. 그때 누군가가 문을 두드렸다. 문밖에는 처음 보는 남자가 갖가지 추수감사절 음식이 들어있는 바구니를 들고 서 있었다.

바구니 안에는 칠면조와 파이 고구마 통조림이 가득했다.

'여러분이 어려움에 빠져 있다는 걸 안 어느 분이 사랑하고 염려하는 마음에 보낸 것들입니다'라고 했다. 아버지가 자존심에 받을 수 없다고 말하자 그는 단지 배달을 맡았을 뿐이라며 소년에게 바구니를 안기고 떠나갔다. 그 순간이 토니의 인생이 바뀌게 되는 순간이었다.

친절을 베푸는 이들에게서 '절대로 희망을 버려서는 안 된다'는 것과 '낯선 사람들까지도 정말 이웃을 보살피고 있다'라는 사실을 깨달았다. 그는 고마운 마음에 언젠가 자신도 그런 식으로 이웃을 도와줄 만큼 성공하겠다고 결심했다. 그리고 오래지 않아 이 결심을 실천했다. 벌이는 얼마 되지 않았지만, 자신과 자신의 가족을 위해서가 아니라 먹을 것이 다 떨어진 이름 모르는 두 가족을 위해 식료품을 준비했다.

몇 년 전 그 남자처럼 토니도 자신이 누구인지 밝히지 않고 음식을 전해주며 용기를 잃지 말라는 메시지로 그들을 위로하고 격려하며 떠났다. 토니는 그 집을 떠나면서 벅찬 마음에 눈물을 흘렸다. 자신의 신세가 도움을 받는 사람에서 도움을 주는 사람으로 바뀌어 있는 것을 확인한 것이다. 어린 시절의 '끔찍했던 날'까지도 사실은 신이 계획해 놓은 선물이었으며 그 덕분에 이웃에게 베풀며 보람 있는 삶을 살게 된 것으로 생각하게 되었다. 이때부터 지금까지 토니는 줄곧 자신과 가족이 받았던 선물을 이웃에게 되돌려 주며 베푸는 삶을 살고 있다.

또 그들에게 아무리 힘든 상황이라도 반전을 시킬 기회가 반드시 있고,

자신들을 돌보는 이웃들로부터 사랑받고 있다는 사실을 알려주고 있다. 또 지금 겪는 어려움이 개인의 성장과 미래의 행복을 약속하는 소중한 교훈과 기회가 될 수 있으며, 아주 단순한 원리만 알게 되어도 사람들은 실천을 통해 그렇게 할 수 있다고 전한다.

지금의 토니 리빈스는 미국을 넘어서 진 세계에 가장 영향력 있는 동기부여 강사이다. 그는 자신이 선택한 방법으로 세상에 헌신하고 있다. 그것이 그를 엄청난 거부로, 존경받는 사람으로 만들어주었다. 그의 첫 번째 목표는 절대로 가난에서 벗어나는 것이 아니었다. 우리가 그에게 배워야 할 것은 이것이다. 우리의 사업이 우리의 입에 풀칠하고 조금 잘 되면 남들보다 나은 삶을 살아가고 작은 수준의 윤택한 삶을 그 목표로 두어서는 안 된다는 것이다.

돈을 벌수록 아니 돈을 벌기 이전에 우리 마음은 이미 주변의 우리의 도움이 필요한 사람들을 향해 있어야 한다. 그것이 목표가 되면 우리의 행동이 달라질 뿐 아니라, 우리의 달라진 행동은 우리의 수입을 변화시킨다. 배워서 남 주냐고 성내지 말고 아예 남 주기 위해 배우는 사람이 되자는 이야기이다. 최고를 꿈꾸어라, 단지 돈이 많은 사람을 이야기하는 것이 아니다. 우리가 말하는 세계에서 최고인 사람들을 목표로 하자. 그들의 시작은 우리보다 형편없었고, 우리보다 실력이 부족한 사람들이었던 것은 분명하다. 지금 그들은 셀 수 없이 많은 사람을 돕고 있고, 자신의 삶을 불태워 남들을 위해 살고 있다. 가히 세상을 위한 헌신이라 말할 수 있다.

결정적으로 엄청난 부와 명예 또한 그들을 따르고 있다. 나와 이 글을 읽는 당신, 우리 이것을 목표로 하자. 세상에는 큰 뜻을 품고 살아가는 뜨거운 사람이 있는가 하면, 자신의 밥그릇과 안위를 위해 살다가는 더 많은 사람이 있다. 누군가를 깎아내리고 낮추려는 생각은 없다. 나자신을 높이기 위한 그리고 당신을 높이기 위한 나의 가슴 저린 이야기를 더 들어주길 바란다. 그 좋은 방법의 하나는 세상을 위해 당신을 헌신하라는 것이다.

욕심이 없으면 성공할 수 없다. 욕심의 크기가 작아서 나를 위한 욕심에서 멈춰진다면, 그만큼 불행한 것도 없다. 우리 안에는 우리도 모르는 엄청난 능력이 내재하여 있다. 그것을 믿고 생각지도 못한 커다란 꿈을 꾸어라. 당신이 작은 식당을 운영하는 어려운 경기를 지나는 고민이 많은 사장이라면, 가족과 이웃을 위해 무엇을 헌신할 수 있을지 고민해보라. 지금은 베풀 수 있는 것이 너무 작더라도, 즐겁게 나누어라. 더 큰 것을 나누는 것을 목표로 삼고, 주변 사람들에게 나눔을 실천하고 독려해보라. 당장은 미친 사람의 미친 짓처럼 보일 수 있지만, 그 행동이 계속해서 이어진다면, 당신은 주변과 이웃을 살리는 지도자가 되어있을 것이다. 그러니깐 더 큰, 아주 큰, 생각해본 적도 없었던 거대하고 원대한 욕심을 가져라.

# 3

## 꿈의 씨앗은 물을 줘야 자란다

사람들은 누구나 처음의 꿈은 원대하다. 어린아이들에게 꿈을 물어봐라. 당신의 어린 시절과는 많이 달라졌겠지만 여전히 같은 점이 있다면, 지금 잘 나가는 선망의 대상이라는 것이다. 지금의 아이들은 유튜버나 아이돌을 꿈꾼다. 그도 아니라면 건물주를 꿈꾸거나 제2의 김연아, 박지성, 손흥민을 꿈꾼다. 어떤 이들은 그런 아이들의 꿈을 염려하겠지만, 꿈이 없는 아이들보다 건물주를 꿈꾸는 아이가 정신적으로 훨씬 건강할 수 있다. 꿈을 정하고 이루어 가는 과정에서 많은 것을 배우고 깨닫게 될 테니까 말이다. 이 책을 읽는 분들은 창업을 꿈꾸는 분들이다. 그렇다면 자신에게 꿈의 씨앗을 하나 심었다고 할 수 있다. 자, 이제 당신에게 심어진 꿈의 씨앗을 살펴보자. 그것이 무엇인가?

분식집의 사장님으로 시작해 프랜차이즈를 건설하고 김밥으로도 인생이 바뀔 수 있으며 삶을 성공으로 이끄는 것이 당신의 꿈의 씨앗인가? 작은 카페 사장으로 시작해서 패션 아이템 온라인 사장이 되고 강의를 하기도 하고 때로는 사람들과 영화를 함께 보고 나누는 문화 공화국의 작은 군주가 되는 것이 당신의 꿈의 씨앗인가? 어떤 것이든 꿈의 씨앗은 많이 심을수록 좋다.

씨앗이 땅에 떨어져 열매를 맺기까지는 그에 걸맞은 시간과 수고가 필요하다. 우리가 땀을 흘리고 가꾼 만큼 열매를 가져갈 것이다. 만약 꿈의 씨앗은 심었지만 아무것도 하지 않는다면 어떻게 될까? 우리의 어린 시절을 생각해보면 된다. 아이들은 자신의 꿈을 이야기하지만 그것을 성취하는 사람은 손에 꼽는다. 왜 그럴까? 현실이 녹록하지 않기 때문일까? 아니다. 당신이 꿈을 이루지 못한 이유는 현실이 고되다는 것을 핑계로 꿈을 자라게 하지 않았기 때문이다. 이제 당신에게 심어진 꿈의 씨앗을 보라. 작은 창업으로 시작하지만, 그 종착점은 창업이 끝이 아니다. 고작 내 입에 풀칠하는 삶을 인생의 목표로 삼지 않기를 바란다. 지금의 상황은 풍전등화처럼 보일지라도 꿈을 작게 만들지 마라. 꿈꾸는 것은 돈이 드는 것도 아니고, 법에 저촉되는 것도 아니다. 가능하면 가장 아름답고 풍요로우며 가치 있는 것을 선택하라. 이런 이야기를 하면 많은 이들이 코웃음 친다.

"자네가 현실을 몰라서 그러네."
"작가님은 그게 되실지 몰라도 저는 나이가 많아서 안 돼요."

"작은 것에 만족하고 그냥 이렇게 살 거야."

"그래서, 넌 뭐 이뤘어? 네가 이루면 나도 할게."

　　현실과 이상은 다르다는 것을 나라고 왜 모르겠는가. 그렇다고 꿈까지 쪼그라뜨릴 필요는 없지 않은가. 나 또한 실패투성이 삶을 살았다. 지금도 여전히 오리무중의 길을 걷고 있다. 매일 넘어지고 돌아가고 좌절하고 다시 일어서는 것의 반복이다. 한 가지 다른 점이 있다면, 포기를 접었다. 이제 다시는 포기하지 않는다. 현실 가능한 목표를 세우는 것은 전진하지 않겠다는 의지의 표현과 같다.

　　남들과 다르게 이상해 보일지 몰라도 나는 원대한 꿈을 가졌다. 사람들에게 꿈과 희망을 주는 것이다. 꿈이 없던 당시의 나는 수많은 실패를 겪었고 그때마다 나의 단점이 부각되었다. 그것들만 생각했고 거기에 빠져 있었다. 슬픔과 좌절이란 감정은 나의 오랜 벗이었다. 꿈도 없고, 바라는 것도 없었다.

　　그렇게 서른을 훌쩍 넘겼다. 1년, 2년 이상으로 일한 직장이 없었고 직종도 이리저리 널을 뛰었다. 한 가지도 공통되는 게 없다. 더 이렇게 살면 안 되겠다는 생각조차 해보지 않았다. 남들의 좋은 소식에는 진심으로 기뻐했지만, 나의 암담한 현실이 보일까 봐 나를 성찰하지 않았다. 시대의 진정한 루저, 그게 나였다.

　　그런 내가 한순간에 변한 것은 아니다. 사람들에게 인정받고 싶었고,

나처럼 슬픔과 좌절에 빠진 사람들을 바꾸어 주고 싶었다. 나는 성공도 해본 적 없고 알려줄 수 있는 노하우도 없었다. 가장 많이 들었던 말이 바로 '네가 성공하면 나도 그때 따라 해볼 게 너나 우선 잘해 봐'였다. 나는 그런 사람들의 특징을 잘 안다. 만일 내가 성공해서 그들에게 이야기를 해주면 잠시 말을 듣다가 '그건 너니깐 할 수 있는 거지, 난 안돼. 조금 잘나간다고 나한테 와서 왜 잘난 척이래? 밥맛이야!' 라고 대답할 것이다.

애초에 자신을 바꿀 생각이 없는 것이다. 비난하려 하는 것은 아니다. 단지 현재에 안주하며 아무것도 하지 않으면 무슨 유익이 있겠느냐는 생각을 해본다. 씨앗을 심고 잘 가꿀 생각이 없는 사람은 발전이 없다. 당신은 어떠한가? 성공이라는 열매를 맺기 위해서 씨앗이 심어진 밭을 잘 갈아엎고, 비료를 주고 제초작업을 할 것인가? 아니면 씨앗을 심어두고 어느 샌가 나 몰라라 잊은 채 현실로 복귀하겠는가?

꿈은 자란다. 심어두었기 때문에 싹을 틔우고 줄기를 낸다. 방금 작은 싹을 틔운 꿈의 씨앗을 보고 실망할 텐가? 아니면 '이제부터 시작'이라는 마음으로 소매를 걷어붙이고 그 씨앗을 자라게 하기 위해 농사를 시작하겠는가? 심자마자 열매를 바라는 그런 도둑놈 심보를 빨리 거두길 바란다. 싹이 트고, 줄기가 자라고, 꽃이 피고, 꽃이 지고, 그러고 나면 열매가 보인다. 창업도 이와 크게 다르지 않다. 문을 열자마자 대박이 나서 당신을 돈방석에 올려다 주고 재정의 자유를 만끽하게 해주는 것? 기적 같은 일이다. 없다고 할 수는 없지만 쉽게 일어나지 않는다.

성공하려면 새로운 지식을 습득하라. 이것이 바로 가지를 치는 작업이고 풀을 뽑는 작업이다. 인간의 두뇌는 적당량의 자료가 모이게 되면 스스로 쓸 만한 정보와 버려도 되는 정보를 구분한다. 많이 보면 많이 볼수록 나에게 필요하고 도움이 되는 자료들을 구분해 낼 수 있다. 나의 업장에 적용할 점들을 만들어내리. 할 수 없을 것 같다면, 부탁이라도 해라. 친해진 단골에게, 잘 알고 형제자매처럼 지내는 옆집 사장님에게, 그것도 안 되면 자녀들과 배우자에게 부탁해라.

◎ 조장助長 이야기

옛날 어느 마을에 성질 급한 한 농부가 살고 있었다. 늦봄이 되어 논에다 벼를 심기는 했는데, 그것이 자라나 벼 이삭이 달릴 때까지 기다려야 한다고 생각하니 한심하기 짝이 없었다.

"어느 세월에 이걸 다 키워 곡식을 수확한담. 모를 빨리 자라게만 하면 되는데, 무슨 좋은 방법이 없을까?"

논둑에 서서 벼 포기를 하염없이 바라보며 농부는 골똘히 이런 궁리를 했다. 물론 벼는 그의 눈에도 보이지 않게 조금씩 자라고 있었건만, 그에게는 그것이 양에 차지 않았다. 어느 날, 그날도 논에 나가서 같은 궁리를 하던 농부는 마침내 참을 수 없어서 바짓가랑이를 걷어붙이고 논에 들어갔다. 그리고는 벼포기를 하나하나 조금씩 뽑아 올렸다. 논에 있는 벼포기를 모두 그렇게 해놓은 다음, 농부는 저녁에 집으로 돌아가서 의기양양하게 말했다.

"아, 오늘은 일하느라 피곤하긴 했지만, 기분이 좋구나."
"아직 김을 맬 때도 아닌데, 논에 무슨 할 일이 있었단 말씀입니까?"

아들의 물음에 농부가 눈을 흘기며 말했다.

"이 녀석아, 할 일이 없다니, 이 아비가 모가 잘 자라도록 '조장'했다."

그 말을 들은 가족들은 깜짝 놀랐다. 온 밤을 마음 졸이다가 날이 밝자마자 논에 달려가 본 아들은 망연자실하고 말았다. 밤사이에 벼들이 모두 시들어 축 처져 있었기 때문이었다.

이는 맹자孟子가 사람의 성급함이나 억지 추구를 경계하라는 뜻으로 인용한 비유에서 나온 이야기다. 세상에 가장 어려운 표현 중 하나가 '적당히'이다. 꿈을 너무 계속해서 건드리는 것도 좋지 않고, 너무 무관심한 것도 좋지 않다. 인생에 정답은 존재하지 않는다. 그야말로 '적당히' 조절해야 한다. 당신의 인생은 다시 살 수 없고 지금 처음 살게 되는 생방송의 삶이기 때문에 이전에 살았던 누구의 지혜도 답이라고 할 수 없다. 무관심과 조장 사이 그 어딘가에서 꾸준하게 꿈을 키우는 농사일을 계속해야 한다. 혹시나 너무 무관심해 당신의 꿈이 말라 죽었거나, 과하게 자주 물을 주어서 당신의 꿈이 썩어 버렸는가? 괜찮다. 실패라고 생각하는 당신의 그 상태는 절대로 실패가 아니다. 당신이 실패라고 규정하지 않는 이상 그것은 과정에 불과하다. 훗날 많은 사람에게 극적으로 이야기할 수 있는 변곡점이 오늘이 될지도 모른다는 것을 기억하자.

꿈에는 꿈의 주인인 당신의 손길이 필요하다. 그 꿈에 너무 무관심하지 않은 동시에 과한 관심을 가지지 않는 지혜로운 주인이 되길 바란다. 직접 경험해보는 것이 가장 잘 알 수 있는 빠른 길이긴 하나, 누구는 이렇게 말한다.

"그걸 먹어 봐야 똥인 줄 아니? 한 번이면 몰라도 어떻게 매일 찍어 먹어보면서 확인을 하나! 경험은 한 번이면 족하고, 더 배우고 싶다면 옆 놈이 먹는 걸 봐."

그렇다. 우리는 계속해서 직접 경험을 통해 지혜를 얻으려 한다. 내가 해보아야만 직성이 풀리고 뼈에 새겨진다고 말하는 사람들이 있다. 그들의 말도 맞다. 그러나 '직접 지식인'으로 충분히 해볼 만큼 해보았다면 또다시 실패를 거듭하지 말고, 다른 사람들의 말과 글에서 충분히 배우는 '간접 지식인'으로 거듭나길 바란다. 우리 주변에는 이미 수많은 성공과 실패가 기록되어 있다. 그것을 확인하는 것이 더 많이 빠르게 배우는 길이 될 것이다.

물을 전혀 주지 않는 꿈의 씨앗은 말라버리고 물을 너무 많이 주는 꿈의 씨앗은 썩어버린다. 기억하길 바란다.

# 4

## 끝이라고 하지 말고 다시 영업이라고 외쳐라

영업을 업으로 먹고사는 사람들을 잘 지켜봐라. 그들은 보통 이른 아침부터 하루를 시작해 자기만의 루틴에 맞춰 생활한다. 하루를 마칠 때까지 업무와 휴식을 반복하며 자신의 업무를 수행한다. 보통은 월 마감의 개념으로 일을 하지만, 그들에게는 추가로 주 마감과 하루의 목표치가 있다. 영업을 주업으로 하는 사람들은 정해진 퇴근 시간이 없고, 자신이 해야 할 일을 완수했을 때 하루를 끝낸다.

자신이 이루어낸 성과만큼 급여를 가져가는 직업은 사업과도 같다. 발로 뛰고 사람을 만나고 결과를 맺는 직업은 결국 모든 결과에 자신이 책임을 진다. 기본수당도 없는 직군들에서는 '자신이 곧 사장이다'라는 마인드를 가진 사람들이 많기 때문이다. 특별히 영업은 '모든 부서의 꽃'이라고 한다. 영업은 판매를 위해 하는 것이고 수익에 직접적인 영향을 미치는 작업이기 때문이다. 돈을 버는 마지막 단계이기 때문에 가장 많은 빛을 본다. 아무리 좋은 상품을 개발해서 생산하고 마케팅을 해도 판매되지 않으면 아무런 의미가 없다. 그래서 회사의 활력이 되는 부서이기도 하다.

당신의 업장으로 돌아가보자. 좋은 레시피를 개발하고, 음식을 잘 만들고, 서비스를 잘 연습하더라도 판매가 되지 않으면 소용이 없다. 돈을 벌지 못한다. 반대로 영업이 좋으면 어떻게든 물건이 판매된다. 그 뒤로 피드백도 가능하다. 음식이 짜다, 서비스가 만족스럽지 않다, 플레이팅이 좋지 않다는 것 등 여러 가지 피드백을 받을 수 있다. 그러나 영업이 되지 않으면 판매가 이루어지지 않고 이런 피드백도 받을 수 없다. 더 나아질 기회조차 얻지 못하는 것이다.

이런 이유로 영업이 쉼 없이 이루어져야 기업이 먹고 살 수 있다. 영업 담당은 정해진 루트로 일해야 하고 규칙적인 생활을 해야 한다. 모든 부서의 직원들이 규칙적인 삶을 살아야 하지만, 영업은 더욱 그렇다. 새로운 거래처를 개발하고, 지속해서 거래처를 유지하고, 계속해서 사후 관리를 해야 한다. 영업 담당자 중에는 아주 여유롭고 한가하게 시간을 보내는 사람도 많다. 누군가는 놀고 있다고 말할 수도 있지만, 이는 거래처를 개발하거나, 까다로운 사람들을 만나면서 소모한 에너지를 회복하기 위함이다.

## ◎ 보험영업사원 H씨

H씨는 A생명사의 보험대리점판매를 할 수 있는 자격을 지닌 사람을 부르는 명칭이다. 회사에 따라 FP파이낸셜 플래너, LP라이프 플래너, MP마스터 플래너와 같이 다양한 이름으로 불린다. 어쨌든 그들은 다른 사람에게 XX 보험이라는 상품을 판매하는 역할을 가진 사람들이다. H씨의 회사는 초기 정착보조금의 형식으로 몇 달간 월 급여의 형태로 돈이 나오다가 일정 기간이 지나면 모든 수당을 100% 성과에 비교해서 받는다. 만약 한 건의 계약도 체결하지 못하면 그달의 급여는 없는 것이다.

물론 지금껏 계약한 것 중 유지가 되는 것의 수에 따라 조금의 수당이 붙지만 그것도 경력이 오래되어 많은 계약을 가진 사람의 이야기일 뿐, 초보 보험영업사원 H씨는 매달 계약을 하지 않으면 받을 수 있는 돈이 없었다. 그래도 그는 열심히 산다. 구두 굽이 닳아가는 것을 보면 얼마나 많은 곳을 다니고 많이 걷는지 알 수 있었다. 월말, 그는 실적이 없었다. 통장 잔액은 텅텅 비었다. 마이너스 통장도 개설되지 않고, 신용 등급이 낮아 신용카드도 발급되지 않는 탓에 한 달을 살아가는 것이 늘 괴롭다. 옆 팀의 영업 실적 1등인 선배를 찾아가 창피함을 무릅쓰고 영업을 어떻게 해야 하는지 물었다. 그랬더니 선배는 자신의 일과를 차분히 설명해주었다.

그는 7시에 출근해서 오자마자 그날의 코스를 체크한 뒤 전단을 한 묶음 들고 나간다. 그렇게 오후 5시까지 매일 다른 다양한 코스를 돌며 전단을 돌리며 사람들을 만난다. 주된 고객층은 병원의 사람들로 A도시의 모든 병원은 그의 가망 고객들이 존재하는 코스다. 병원이 개원하기 전 병원 주변의 시장을 한 군데 골라 집중적으로 방문한다. 그렇게 요일을 바꿔 가면서 매일 방문하였더니 주민들은 그 선배를 'X 요일의 보험쟁이'라고 부른다고 한다. 그는 주말도 없고 연휴도 없이 시장과 병원을 돈다.

H씨도 그 선배의 방침을 따라 학교를 돌며 고객을 만들기로 한다. 첫날에 학교 입구에서 경비원에게 제지를 당했다. 방문 약속이 없는 외부인의 방문을 허락할 수 없다는 것이다. 그때 옆에서 유유히 들어가는 경쟁사 보험영업사원을 봤다. 부끄럽기도 하고 화도 나고 어떻게 해야 할지 몰랐던 그는 고개를 떨구고 다음 학교로 간다. 이번에는 무사히 통과했지만 교무실에 빼꼼히 머리를 들이밀자 선생님들이 나가라고 손짓한다. 그래서 조용히 인사를 하고 나왔다. 그렇게 몇몇 학교의 교무실에 인사만 하고 다시 나왔다.

첫날만 힘든 것이 아니었다. H씨는 차도 없어서 비가 오나 눈이 오나 걸어 다녀야 했는데, 미세먼지와 황사로 뒤덮인 봄에도, 땀을 흠뻑 흘리는 여름에도, 다들 단풍놀이 가는 가을과 눈이 와서 길이 미끄러운 겨울에도 그는 학교와 병원을 계속해서 다녔다. 처음에는 문전박대를 당하던 그도 이제는 익숙해진 사람들과 눈인사도 하고, 때로는 뭔가 필요하다며 질문해 오는 사람들도 있었다. 계약이 이루어질 듯 말 듯 아슬아슬한 상황도 많이 벌어졌고, 여전히 망신당하고 쫓겨나는 일도 자주 있었다. 처음엔 두부 멘탈이었던 그가 차츰 변해 갔다. 말도 능글맞게 할 줄 알게 되었고, 면

박을 당해도 조금 쉬었다가 다시 추스르곤 일하러 다른 곳으로 발걸음을 옮겼다.

그렇게 몇 개월이 지나고 어떻게 되었을까? H씨는 영업소의 보험왕이 되어 좀 더 나은 삶을 살고, 돈도 많이 벌었을까? 현실은 그리 녹록하지 않았다. 너무 많은 거절을 당하고 잠시 쉬었다가 가자는 마음으로 공원에 앉았다. 원래부터 영업을 돌던 코스는 집과 가까웠다. 마지막 코스를 다 돌고 나면 집에 도달하는 코스를 만들었던 것이다. 멘탈이 무너지자 하던 일을 갑자기 접고 집으로 들어갔다. 잠깐만 쉬었다가 다시 돌겠다는 생각으로 들어갔지만 나오지 않았다. 그런 생활이 반복되었다. 습관은 세우는 것보다 무너뜨리는 게 더 쉽다고 했던가, 처음 정했던 업무 루틴에는 금세 균열이 일었고 이내는 무너져버렸다. 그가 자신의 습관을 다시 세우기까지는 오랜 시간이 걸렸다. 영업사원의 장점은 자기 일과를 마음대로 정할 수 있다는 것이다. 모든 영업사원이 그런 것은 아니지만, 많은 수의 사람들이 그렇다. 그래서 습관이나 업무 루틴이 망가지기 쉽다.

한 가지 희망을 볼 수 있는 점은 다시 일으키기도 비교적 쉽다는 것이다. 오늘 하루를 공치며 아무것도 하지 않았더라도 내일의 전략을 다시 세우고 마음을 새롭게 하면, 다음날에는 새로운 업무를 할 수 있다. 그동안 가보지 않았던 곳을 돌며 가망 고객을 만날 수도 있고, 소개를 받을 요령으로 주변 사람들에게 다시금 전화를 돌릴 수도 있다. 잘하고 있다가도 금세 무너지는 습관이 되기도 하고, 그 즉시 다시 일어설 수 있는 구조도 영업에서는 가능하다. 그리고 그 영업이 성공하면 회사에 수익을 안겨다준다.

여기에서 기억해야 할 것은 바로 영업은 사업의 최전방에 있으며 쉽게 무너지기 쉬운 습관이고, 그만큼 언제든 다시 시작할 수 있다는 것이다. 어떤 사업에서든 영업은 중요하다. 장사가 잘 안되고, 마인드가 무너지고, 업장의 리듬이 깨졌을 때, 영업부터 손을 봐야 한다. 딱히 이벤트 같은 것을 열어 호객 행위를 하라는 것이 아니다. 전단을 만들고, 간판을 청소해라. 주변의 지인들과 단골손님들에게 연락을 돌려라. 할 수 있는 영업 활동을 규칙적으로 시작하라. 그 영업 활동의 결과로 고객들이 찾아오게 되고 수익을 만들어줄 것이다. 피드백도 들을 수 있다. 더 많은 가망 고객을 발굴하려 노력하라. 발로 뛰어 사람들에게 당신의 상품들을 보여주고 나누어주어라. 결과에 상관없이 영업 활동을 꾸준히 하는 것만으로 새로운 힘이 나고 많은 아이디어를 발견하게 된다.

영업은 모든 것이 끝났다고 느껴질 때 특히 힘을 발휘한다. 발걸음을 움직여 사람들을 만나라. 전화기를 들어라. 전단을 인쇄하라. 너무 구식이라고 생각하는가? SNS와 카페 등을 이용해서 충분히 할 수 있다고 생각하는가? 그것도 맞다. 무엇이든 하라. 영업은 나와 고객이 만나는 모든 행위이다. 고전적인 방법이든 최신의 방법이든 무엇이든 좋다. 단지

고전의 방법은 주로 직접 대면에 가까운 방법들이다. 적은 수를 만나게 되고, 효율이 떨어지는 면이 있으나 타율이 높다. 무엇보다 자신의 습관을 만드는 것을 목표로 한다면 조금 더 직접적으로 땀을 내고 발을 움직이는 게 더 좋다는 것을 이야기하고 싶다. 자리에 앉아서 사진을 잘 찍고 느낌 있는 해시태그를 다는 것도 물론 훌륭한 영업이고 때로는 더 좋은 결과를 가져올 수도 있다. 무엇이든 가리지 말고 꾸준한 영업 활동을 하라. 그것이 당신에게 활력을 더해주고 현 상황을 바라보는 정확한 눈을 줄 것이며 더불어 고객까지 더해줄 것이다.

단 한 번도 실패하지 않는 영업은 없다. 적은 횟수의 영업 활동은 상처와 두려움을 준다. 일이 안 풀리면 당연히 상처를 받고, 행여나 초반부터 잘 풀린다면 오히려 두려움에 빠진다. 꾸준히 쉬지 않고 계속해서 영업하라. 영업의 세계는 공평하고 통계를 잘 따른다. 평균 1%의 성공이 가능한 시장이 있다면 적어도 100번을 도전하면 1번의 성공을 거두게 된다. 99회를 실패하고 100번째에 반드시 성공한다면 당신은 100번의 도전을 두려워하겠는가? 1만 번을 도전하면 100번의 성공을 거두게 된다.

말도 안 되는 소리라고 생각될 수도 있지만, 세상에 공짜 점심은 없다. 묵묵히 자기의 길을 가는 사람은 길에 떨어진 성공을 줍게 될 것이다. 하지만 행동하지 않으면 아무런 결과도 얻을 수 없다. 같은 습관을 계속해서 유지하면 성공할 확률도 높아지고 마음을 다치는 일도 점점 적어지게 된다. 그야말로 성공으로 더 가까이 가게 되는 것이다. 유일한 적은 우리 안에 있다는 것을 명심해야 한다. 그만두고 싶고 쉬고 싶어지는 자신의 마음을 잘 컨트롤하면 성공은 눈앞에 있는 것과 같다. 모든 것에 앞서 영업부터 시작하라. 모든 습관이 무너지고, 마음이 답답하고 포기하고 싶은 슬럼프가 왔는가? 영업부터 시작하라. 행동하면 자연히 마음에도 변화의 바람이 불 것이다.

시작은 창피하고 어렵다. 이게 다 무슨 소용인가 싶을 정도로 마음이 무너져 있을 수도 있다. 지금은 영업을 할 타이밍이 아니라고 생각할 수도 있다. 그럼 무얼 해야 할 때인가? 무엇을 하긴 할 것인가? 청소와 영업의 공통점이 있다. 아주 귀찮고 사소한 것처럼 보이는 일이라는 것이다. 또 마음을 새롭게 하고, 머리를 쓰기보다는 직접적으로 몸을 움직이는 일이라는 것이다. 거기에 영업은 거절과 무시를 수도 없이 당한다. 마음의 상처를 입을 수도 있다. 그래서 더욱 해야 한다. 마음이 단단해질 때까지. 습관을 만들어라. 꾸준한 영업 활동이야말로 지치지 않는 힘을 가진 사람이 되는 비결이다.

# 5

## 호구가 아닌, 세상을 돕는 장사꾼

창업을 한 사장님들을 만나서 '왜 사업을 하게 되었습니까?'라고 물으면 다양한 답을 들을 수 있다. '이거 말고는 할 게 없어서', '남 밑에서 일하기 싫어서', '그냥 한번 해보고 싶어서' 등 이유는 다양하다. 사업가는 기업의 사업을 계획하고 운영하는 사람을 뜻한다. 기업의 목적은 누구나 잘 알듯 '이윤 추구'이다. 그래서 사업가의 목적은 이윤을 추구하는 기업의 사업을 계획하고 운영하는 것, 즉 돈을 많이 버는 것이다. 사업가는 돈을 많이 버는 것에 자신의 열정과 재능을 투자하고, 한평생을 바친다.

새롭게 창업을 하는 사람도 마찬가지다. 돈을 많이 벌기 위해서 창업을 하는 것이다. 이와는 반대로 '자선 사업'이라는 단어가 있다. 고아, 병자, 노약자, 빈민을 구제하기 위한 사회 공공적 구제 사업이라고도 한다. 쉽게 말해 돈을 버는 목적이 어려운 환경에 있는 사람을 구하는 데 있다는 것이다. 돈 벌어서 남 주는 사업이다.

자기 사업에 성공한 사장님들을 찾아가 사업 초반에 어려움을 버티는 방법에 관해서 물어보았다. 어느 한 사장님은 아무것도 생각하지 말고 퍼주라는 답을 주었다. 그럴싸한 이야기지만 한편으론 손해 보는 장사가 아닌가 하는 생각이 든다. 손해 보지 않느냐고 질문하자 그 사장님은 정색하며 이렇게 얘기했다. "이봐, 내가 이 장사를 시작한 이유가 뭔지 아나? 옛날에는 모두 가난했지. 그때는 배불리 먹고 잠들어보는 게 가장 큰 소원이었어. 그 이후로 누군가를 배불리 먹이면 기분이 참 좋아지고 좋은 일을 했다는 생각이 들었지. 지금도 그건 달라지지 않았어. 경제는 어렵고 사는 건 팍팍하지만, 손님이 와서 배불리 먹고 가면 나에게도 좋은 거 아니겠어? 그 손님이 또 다른 손님을 데리고 오고, 또 배불리 먹이면 또 다른 손님을 데리고 오고 뭐, 그런 거지. 허허."

돈을 버는 것도 유명해지는 것도 결국은 손님이 그렇게 만들어 주는 것이다. 서비스와 레시피는 변해도 철학은 변하지 않는다. 손님이 배부르게 먹었으면 하는 마음, 배고픈 시대를 살며, 사람들의 배불러하는 모습에 만족을 느끼는 사장. 그 사장님은 타인을 위한 사업을 하고 있었다. '장사는 이윤을 남기는 것이나, 사업은 사람을 남기는 것이다.' 언젠가 드나들던 업장에 쓰여 있던 글귀이다. 장사는 미천하고 사업은 고귀하다는 말을 하고 싶은 게 아니다. 이윤에 초점을 맞추지 말고 사람에 집중하라는 뜻을 마음에 새겼으면 한다.

'○○를 통해 만나는 사람들에게 가치를 전달하는 사람.' 보통 좋은 일 하는 사람들이나, 스티브 잡스 같은 사람들에게 쓰이는 말이라고 생각한다. 아니면 동기부여 강사라고 생각할 수도 있겠다. 저 ○○에 여러분의 업장을 대표하는 메뉴를 넣어보라. 설렁탕을 통해 만나는 사람들에게 가치를 전달하는 사람이 당신의 사업에서 비전이 될 수 있다. 어떠한 가치를 전달할지도 생각 해보라. 꼭 수익의 몇 퍼센트를 기부하라는 이야기가 아니다. 기부는 나중에 이야기할 부분이다. 국밥이 배불리 먹고 다시 일할 힘을 주는 음식이라고 믿는다면 국밥 자체에 자부심을 가질 수 있다. 당신의 아이템이 누군가에게 커다란 가치가 있는 상품일 수 있다는 점을 기억하라.

일산 소재 백화점의 푸드 코트에 자리 잡은 ○○쌈밥집의 사장님을 만나게 되었다. 인정이 많고 음식 맛도 좋은 집이었는데, 손님에게 늘 말을 걸어주는 등 매우 친절한 곳이다. 지금도 기억에 남는 이야기 중 하나가 이 식당은 '노인들을 위한 식당'이라는 것이었다. 저렴한 백화점이라 비교적 형편이 좋지 않은 사람들이 식사하러 많이 오는 곳이었는데 그중에도 푸드 코트는 주머니 사정이 넉넉하지 않은 고객들이 즐겨 찾는다고 했다.

많은 고객 중에 특히 노인들이 사장님의 눈에 들어왔다고 한다. 고기는 먹고 싶지만 바깥의 육류를 파는 식당은 매우 비싸기에 가격이 저렴한 푸드 코트의 쌈밥집에 찾아온다는 분석이었다. 사장님은 어르신들을 위해 고기를 한 줌이라도 더 드린다고 한다. 그것을 손해라고 생각하지 않고 부모님 같은 분들을 돕고 이웃을 돕는 마음으로 그렇게 한다고 했다. 고기가 질기거나 씹기 어려운 뼈와 함께 붙은 부위가 있으면, 과감히 뺀다고 했다. 삼겹살에서 오도독뼈가 차지하는 부위를 제외하면 적잖은 손실이 생긴다. 이익만을 추구한다면 결코 좋은 전략이라고 볼 수 없는 일이다. 하지만 사장님에게는 이익을 앞서는 자신만의 '장사 철학'이 있었다.

자신의 이익만을 보는 것이 아닌, 손님과 상생하는 선한 사업을 추구한 것이다. 그러한 사장님의 장사 철학 덕에 다른 식당들에 비교해서 사람이 늘 붐볐고, 손님들의 평가도 좋았다. 자신의 철학으로 푸드 코트에서 늘 매출 1등을 놓치지 않는다고 자랑하던 사장님의 모습은 잊을 수 없다. 자부심에 가득한 표정은 나에게 충분한 통찰을 주었다. 남길 것이 있다면, 그것은 인심이다.

경기도의 한 카페를 찾았다. 작은 동네의 상가 2층에 위치해 있어서 그다지 입지가 좋아 보이지 않았다. 하지만 들어가면서부터 사람이 정말 많다는 걸 느낄 수 있었다. 동네 주민으로 보이는 많은 사람이 한자리씩 차지하고 있었다. 이렇게 사람이 많은 이유가 궁금해져서 직원에게 '이곳은 입지가 좋은 곳도 아닌 것 같은데 장사가 잘되는 특별한 이유가 있냐'고 물었다. 직원은 유창하게 설명했다. 우선 좋은 재료를 사용하고, 고객을 바라보며 인사하고 늘 기분 좋게 손님을 대하도록 교육을 받는다고 했다. 무엇보다 사장님이 이곳저곳에서 많은 활동을 하셔서 참 바쁘다고 한다.

그래서 네트워크 사업처럼 다양한 분야의 사람들을 끌어들이는가보 다 싶었다. 직원의 말은 이랬다. "사장님이 참 착하신 분이어서 사람들이 찾아와 주는 것 같다. 어디를 가나 어떠한 직책을 맡아서 하고 다양한 곳에 관심을 둔다. 진심으로 그 일에 열중하면서 그 모임에 함께하는 사람들을 도울 것이 있는지 최선을 다해 찾는다. 손님은 많이 오는 것은 그런 사장님의 인복이라고 생각한다." 직원의 말을 들으면서 이 카페의 사장이 사업을 위한 네트워킹을 넘어서 정말 사람을 좋아하고 또 돕는 것을 즐기는 사람이라는 생각이 들었다.

직원도 사장의 그런 면을 존중하고 있었다. 분명 좀 더 많은 수익을 올리는 일반적인 매뉴얼들이 있다. 레시피, 고객 대응, 동선, 인테리어 등. 그러나 그 모든 것을 넘어서는 강력한 힘이 하나 있다. '이타적인 행동'이 그것이다. 지금 당장은 이익을 거두지 못하는 것처럼 보일 수 있다. 그 힘이 발휘되기 전까지는 계산기를 두드리며 초조하게 시간을 보낼지도 모른다. 하지만 그 시간을 견뎌내었을 때 이타적인 행동이 보답받을 것이다. 사업에 반드시 성공하는 방법은 어렵지 않다. 찾아오는 사람들을 계속해서 감동시키는 것이다.

내가 만나본 성공한 업체의 사장들은 하나같이 고객들의 감정이나 필요에 큰 관심을 가졌고 거기에 공감했다. 그리고 자신이 고객에게 제공할 수 있는 범위의 해결책을 찾아 나섰다. 도움이 되고 안 되고를 떠나서 그런 모습에 사람들은 감동하고 그 업체에 다시 방문한다. 그렇게 단골이 되는 것이다. 아주 단순하다. 사업은 찾아오는 사람들을 위해 해야 하는 것이다. 내 주머니 말고 네 주머니를 위한 사업, 가능할까 싶지만 이렇게 하면 그 주머니의 돈이 나에게로 온다. 어떤 일을 하는 사람이든, 타인에게 도움이 되는 일을 하는 것이 결국 자기 자신에게 돌아온다는 마음가짐으로 방향을 바꾸어 일해 보라. 고객의 마음을 사로잡는 방법이 바로 그것이다.

단순히 남들 위에 서는 지도자가 되려고 창업을 하는 사람은 없을 것이다. 돈을 많이 벌고 싶거나, 자유롭게 일을 하거나, 나의 일을 갖고 싶거나 하는 여러 가지 이유로 창업을 시작하게 되었을 것이다. 하지만 어떤 이유에서 시작했든 성공을 거머쥔 사람들은 하나같이 타인에게 포커스가 맞춰져 있다는 것을 기억하라. 주체적인 삶을 포기하라는 것이 아니다. 반대로 더 주체적인 삶을 살아야 한다. 내가 가진 가장 최고의 것으로 고객이 만족하는 솔루션을 제공해야 한다. 그것이 제품이나 음식일 수도 있고 서비스일 수도 있다. 타인을 위한 사업을 할 때 비로소 가장 안정적인 성공의 길에 접어들 수 있다.

# 6

## 남을 돕는 것이 곧 나를 돕는 것

권선징악이란 선한 것을 권하고 악한 것을 벌하는 것으로, 우리가 어릴 때 많이 보았던 대부분의 전래동화에는 마지막에는 선이 승리하니 악한 것을 그만두고 선한 일을 하라는 교훈이 담겨 있다. 수많은 소설이나 영화, 드라마에서도 권선징악을 소재로 하고 있다. 그러나 정작 우리 삶은 권선징악이라고 말하면 피식 웃고 만다. 우리 모두, 심지어 어린 아이들까지도 알고 있다. 권선징악은 드라마와 영화, 전래동화에나 있는 것이고 현실은 다르다고.

그럼 우리는 무엇을 추구하며 살아야 하는가? 이런 고민을 할 필요도 없을 정도로 답이 명확한 세상이 되어버리긴 했다. 그것은 바로 돈이다. 자본주의사회에서 돈은 내가 원하는 것을 살 수 있게 하고 원하는 것이 되게 하며, 가족을 먹여 살리고, 집안을 일으켜 세운다. 그러니까 많은 돈을 벌어야 한다. 선과 악? 그것조차 우리가 얼마나 많은 돈을 버느냐에 따라서 나누어진다. 돈을 못 벌어 오는 남자는 못나다 못해, 나쁜 사람이 된다. 왜 이것조차 못하는 사람이 되는가? 고작 그것을 벌면서 인간답게 살 수 있겠느냐? 이런 말을 쉬지 않고 듣는다. 결혼하려면, 출산하려면, 좀 더 나은 삶을 살려면 돈이 필요하다. 그러한 세상이 되었다.

규모의 경제, 돈이 돈을 버는 세상, 개천에서 용이 나는 게 끝난 세상. 지금을 그렇게 보는 사람들이 있다. 창업의 세계는 다르다. 매해 대박집이 탄생하고, 새로운 유행이 생겨난다. 타이밍만 잘 잡으면, 좋은 장소에 가게를 차리면, 아이템과 유행이 겹치면, TV와 인터넷이 터뜨려 주면, 페이스북이나 인스타그램 같은 SNS에 내 가게가 잘 홍보되면 언제든 돈방석에 올라앉을 수 있다. 금세 프랜차이즈를 내게 되고, 가맹비와 수수료를 받으며 다시는 고생하지 않아도 큰돈을 벌 수 있게 된다. 하지만 환상은 거기까지다. 거품이 꺼지면 우리에게는 앙상한 알몸만이 남는다. 그렇게 생겨나고 사라진 업체들을 우리는 수없이 많이 보고 있다.

◎ 자신의 이익만 찾다가 쪽박 찬 L사장

L사장은 젊어서부터 다양한 사업을 했다. 책을 판매하기도 했고, 칼을 판매하기도 했다. 그러다가 어느 날 우연히 알고 지내던 C사장에게 고기에 대한 정보를 듣고는 얼마 안 되는 자본으로 육류 도매를 시작했다. 노하우가 없어 고전을 면치 못하다가 C사장이 좋은 정보들을 공유해주어

서 회사가 급성장하게 되었다. 이후 육류 도매업에서 육류 가공업까지 시작하게 되었고, 가공한 육류를 소비하기 위해서 고깃집까지 열게 되었다. 도매-생산-판매를 모두 섭렵하게 되자 사업의 규모는 더욱 커졌고, 벌어들이는 돈의 규모도 상상할 수 없이 커졌다.

그 뒤로 사람이 변했다는 소리를 듣게 되었다. L사장이 변한 것인지, 주변의 기대가 컸던 것인지는 알 수가 없다. 다만 그런 이야기들이 오가고 있으며 그도 그것을 알고 있다는 것뿐이었다. 직원이 자주 바뀌었다. 더 큰 규모의 사업을 할수록 자동차는 비싸지고 집의 평수는 커졌다. 그에 따라 L사장의 부담감도 커졌다. 언제 거품이 꺼질지, 언제 또 다른 아이템을 선정해서 업체를 키워 나가야 할지 고민이 깊어진 탓에 매일같이 술을 마시게 되었고 직원들에게도 별거 아닌 일로 호통을 쳤다. 사업이 작던 시절부터 가족처럼 함께 지내 왔던 직원들이 등을 돌렸다. 개중에는 자기의 사업을 해보겠다고 떠나간 직원도 있었고 사업이 잘되자 자금을 횡령해 도망간 사람도 있었다. 또는 그가 쫓아낸, 아니 나갈 수밖에 없게끔 만든 사원도 있었다.

몇 번의 물갈이 끝에 많은 수의 외국인 노동자와 초보 사무직원들만 남고 모든 사람이 바뀌었다. 그런데도 L사장의 사업은 승승장구였다. 돌아가는 재정의 규모나 그간 해왔던 거래처들이 함께 성장하고 있으니 걱정이 없었다. 한 가지 걱정은 믿을 만한 사람이 없다는 것이다. 그 자신도 알고 있다. 지금까지 해왔던 것은 자신의 실력으로 온 것이 아니라는 사실을 말이다. 주변의 사람들이 도와주고 끌어주었기에 가능했던 일인데, 어느샌가 주변에 사람들이 없다. 단지 괴롭고 불안해서 술을 마신 것뿐이고, 그런 마음을 조금 토해냈을 뿐인데 시작부터 함께해 왔던 직원들마저 도저히 견딜 수 없다며 떠나갔다. L사장은 그렇게 혼자가 되었다.

구제역과 같은 전염병은 주기가 있다. 수입 육류의 가격도 주기를 가지고 가격이 오르고 내린다. 이 두 가지 곡선이 만나 급격한 불황이 오는 경우가 있다. 국내의 가격도 해외의 가격도 불리하게 형성되는 시기. 명절은 국내 소비자들의 수요가 많아 공급이 가격을 올린다. 평상시의 가격으로는 물건을 구매하기가 불가능하다. 구제역이 발생하면 국내 생산 돼지의 출하가 중지된다. 중국발이나 유럽발 축산 뉴스가 터지면 몇 개의 브랜드나 국가에서 수출이 중단된다.

주식의 네 마녀의 날(네 가지 파생상품의 만기일이 겹쳐 예상치 못한 급등락을 부르는 날)처럼 축산에도 이런 몇 가지 이슈가 겹치게 되면, 예상치 못한 불황이 오게 된다. 하필 L사장에게 그런 사건이 닥쳐왔다. 조금 힘들고 말 거라는 예상과 달리 프랜차이즈들이 문을 닫게 되었고, 생산한 고기들의 판매처가 줄었다. 점점 재정이 어려워져 회사의 규모를 줄였고 생산직 외국인들을 대거 해고했다. 안 좋은 흐름의 한가운데에 빠지고 만 것이다.

L사장은 주변 거래처들에 손을 내밀었다. 당장의 형편이 어려우니 자신의 제품을 조금 더 사주길 바라는 마음이었다. 거래처들은 난색을 보였다. 모두가 어려운 시절이었기 때문이다. 급격히 사세가 기울었다. 회생할 판로

를 찾기가 어려웠다. 영업을 적극적으로 해야 할 상황이지만 기존의 직원들이 떠나면서 유망한 거래처들을 가져가버렸다. 본인이 할 수 없는 것은 아니지만 처음부터 시작해 거래처를 찾는다는 것이 쉽지 않은 길이라는 것을 안다.

사람은 신한 것을 좋아하고 악한 것은 싫어하는 기본 성질을 가지고 있다고 맹자는 말한다. 그의 성선설에 의하면 사람은 누구나 착하게 태어난다는 것이다. 맹자가 말한 사단四端의 한 가지인 수오지심羞惡之心은 부끄러움을 모르면 사람이 아니라는 말이다. 타인에게 베풀지 않고 그들을 괴롭게 하면 사람대접을 받기 힘들다는 뜻이다. 동양의 기본 사상은 맹자를 기본으로 한다. 그래서 우리나라에도 '사람은 착해야 한다'라는 의식이 박혀 있다. 능력도 중요하고 수완도 중요하지만, 사람됨이 올바라야 한다는 것을 깊이 새기고 있다. 특히 어려운 시절이 되었을 때 자신 곁에 남거나 돕는 사람을 본다면 자신이 어떻게 살아왔는지 알 수 있다는 이야기들을 많이 한다. 창업은 잘 나갈 때의 승부가 진짜 승부가 아니다. 어려운 시절을 어떻게 잘 견뎌내느냐가 진짜 승부라고 할 수 있다.

살아남기 위해서는 서로 도와 함께 살아야 한다. 국내에서 손꼽히는 몇 개의 기업을 제외하고는 누구라도 풍전등화의 상태가 아니라고 장담할 수 없는 게 요즘의 현실이다. 특히 개인이 운영하는 자영업은 어떠하겠는가. 살아남기 위해서는 선함이라는 덕목을 가져야 한다. 초등학교 이전부터 '착하게 살아라'는 말을 귀에 못이 박이게 살아온 우리라서 너무나도 당연하게 도덕적 윤리를 지키며 살지만, 그만큼 주위에서 바라는 도덕적 수위 또한 높다.

거래처와 고객에게 우리는 선한 사람으로 남아야 한다. 선한 척하는 사람이 아니라 정말 선한 사람으로 남아야 한다. 설령 악인이었다고 해도 10년간 선한 척하고 산다면 그 누가 그를 선하지 않다고 손가락질하겠는가? 이제부터라도 선한 삶을 살고, 그러지 못하겠다면 '선한 척'이라도 하는 삶을 살아야 한다. 마지막에 웃는 사람은 살아남은 사람이다. 그런데 그 마지막까지 살아남는 사람은 결국 '선함'을 유지하는 사람이다. 자금이 부족해서 도산할 위기에 처해 있더라도 '선한' 경력이 있는 사람에게는 '인정'을 쓰게 되는 법이다. 아직 현실을 모르고 꿈같은 소리만 한다고 생각할지 모르나, 그게 꼭 그렇지만도 않다. 거래처와의 미수금 처리에서도 그렇다. 그동안 선한 이미지를 쌓아 온 곳에는 함부로 수금을 강요하기 쉽지 않다. 그런 곳에는 말미를 더 주게 된다. 그러나 연락을 받지 않고 주소를 바꾸어 잠적하는 등 악질적인 행동을 일삼는 거래처라면 금액이 얼마든 소액재판이라도 소를 제기할 수밖에 없다.

선한 사람에게는 다른 것들은 잃어도 '사람'이라는 재산이 남는다. 결국 주변의 좋은 사람들을 통해 다시 일어서게 되는 것이다. 많은 사장님이 현관에 '돈은 잃어도 사람은 잃지 말자'라는 말을 써 놓는다. 이것은 돈을 벌기 위해서 악하게 살지 말고 사람을 위해서 선하게 살자고 해석할 수 있다. 우리가 사업을 하는 이유는 짧은 시각에서 보면 돈을 벌기 위함이라고 할 수 있다. 하지만 우리의 삶은 그렇게 짧지 않기 때문에 긴 시각에서 바라봐야 한다. 삶은 100세 시대로 접어들었고 우리의 노후까지 계속해서 소득을 만들어내어 재산을 형성해야 편안한 노후를 보낼 수 있다. 겨우 1년 하고 접어버릴 장사기 아니라면 당신은 돈을 선택하겠는가, 아니면 사람을 선택하겠는가? 돈을 버는 노하우를 선택하겠는가, 아니면 사람을 품는 노하우를 선택하겠는가?

오늘 당장 문을 닫을 상황일지도 모르는데, 인정을 베푼다니, 내 마이너스 통장이 끝났는데, 사람을 생각하라니, 나 빼고 모두가 악한데 선하게 살라니 이것은 말도 되지 않는 책상머리에서 살다 온 사람의 이야기일 뿐이라고 반문할 수 있다. 그렇다면 반대로 생각해보자. 당신이 악한 행동을 해서 지금 얻을 수 있는 것이 무엇인가? 그것의 가치는 얼마나 되는가? 없는 돈을 끌어와 남에게 퍼주거나 돈에 관심을 갖지 말라는 이야기가 아니다. 당신은 사업가 혹은 예비 사업가이다. 당장에 돈을 만지는 사람이다. 그렇다. 그래서 더욱 선해야 하고 당신의 관심과 시선이 사람을 향해야 한다. 결국은 사람이다. 우리의 물건을 사는 존재도 사람이고, 우리에게 좋은 가격에 좋은 재료를 대주는 사람도 사람이고, 맛좋은 요리를 만들어 주는 사람도 사람이다. 돈은 결국 사람과 사람을 통해서 돌고 도는 것이다. 우리는 사람과 함께 사람을 위해 사업을 해야 한다. 목적이 사람이라면 돈은 혈액이다. 이 사람들과의 관계를 돈독하게 해주고 원활하게 하기 위해서 돈이 필요하다. 돈을 목적으로 하면 사람들이 모두 떠나고 그 결과 돈도 떠나게 된다는 것을 기억하자.

돈을 벌기 원한다면 사람에게 투자하고, 선한 삶을 살아라. 사업의 고비가 찾아올 때, 그 대가를 돌려받게 될 것이다. 최후까지 자신의 사업을 지키고 키우는 방법은 인간의 본성을 지키는 것, 선한 삶을 사는 것. 이것이 성공의 가장 기본이 되는 수칙이다.

# 3장

# 시간 관리 :
## 유한한 자원을
## 효율적으로 사용하기

시간은 인생의 동전이다. 시간은 네가 가진 유일한 동전이고,
그 동전을 어디에 쓸지는 너만이 결정할 수 있다.
네 대신 타인이 그 동전을 써버리지 않도록 주의하라.

― 칼 샌드버그

# 효율적인 시간 활용이 성공을 좌우한다

인류의 발전 단계에서 산업혁명 이후로 큰 발전이 있었다. 그것은 바로 '효율'의 탄생이다. 4차 산업혁명의 시기를 사는 우리에게 효율은 매우 중요한 요소다. 같은 시간에 얼마나 많은 생산량을 보이는가, 이것은 나의 몸값을 증명한다. 향후 10년 안에 인공지능, IOT, 빅데이터와 같은 4차 산업혁명의 요소들이 우리 산업에 커다란 영향을 미치게 될 것으로 예측되고 있다. 단순 작업을 하는 일자리는 컴퓨터와 기계가 대신하고 더 이상의 사람을 고용하지 않게 될 것이라는 전망이다.

또한 자율주행과 드론 기술이 상용화 단계에 접어들면서 장거리 트럭 운전사, 택배 기사 등과 같이 운전 기능이 필요한 자리를 대체하기까지 10년도 안 남았다고 보는 학자들도 많다. 창조적인 생산을 하는 직업을 제외하곤 모든 것이 대체될 것이라는 전망, 이미 우리 주변에서 집배원을 찾아보기 힘들다. 집배원이 없어도 전자메일 발송이나 SNS,

SMS 메시지나 애플리케이션 등을 이용하여 전달해야 할 내용을 우리들의 모니터와 스마트폰으로 전달한다. 점점 설 곳이 없어지는 것처럼 느껴지는가? 빠르게 발전해 가는 과학기술에 도태당하지 않으려면 우리는 무엇을 해야 할까?

역설적으로 들릴지는 모르겠지만 새로운 기술이 보급될수록 우리는 기본으로 돌아가야 한다. 벌써 오랜 기간 동안 창업을 준비한 분들은 새로운 신기술을 익히는 것보다 나에게 주어진 것에 충실한 게 훨씬 유리하다. 우리의 시장이 급변한다고 이야기하지만 지금 당장 사람의 일자리를 기계가 대체한다거나 인간의 생산물이 버림을 받진 않는다. 미래학자들이 예측하는 바로는 2019년을 기준으로 5년 혹은 10년 뒤면 일자리의 형태가 크게 변화할 것이라고 한다.

지금 당장은 사람이 해주는 요리가 익숙하고 사람이 타주는 커피에 인간미, 맛을 느낀다. 하지만 사람은 적응의 동물이라서 동전 대신 카드를 찍고 버스를 타는 것이 어색하던 것이 무색하게 이제는 너무나 자연스러운 일상이 되었다. 토큰이나 버스표를 모르는 세대가 생겼고, 수십 개의 동전으로 기사에게 값을 속이고 타는 학생은 이제는 없다. 모두가 당연하다는 듯이 버스 카드를 사용하는 시스템으로 변해버렸다. 이용하는 화폐는 서서히 변하는 듯하다가 어느 순간 급격한 모습으로 바뀌었다. 이처럼 서서히 바뀌는 듯하다가 변곡점을 지나는 순간 급격한 변화가 일어난다. 우리에게 남은 시간은 지금은 많아 보이고 변화는 느려

보이지만 어느 순간에서부터는 사람의 자리는 급격하게 사라지고 기계와 컴퓨터와 AI들이 일하는 것으로 바뀌게 될 때가 올 것이다.

많은 사람이 절망스럽게 이야기한다. 평생을 운전으로 먹고살아 온 사람, 단순 작업 공장에서 일해 온 사람들은 앞으로 무엇을 해야 할지 막막해한다. 지금부터 무슨 창조적인 일을 하고 무슨 새로운 것을 배우겠는가라고 한숨을 쉬며 그 급격한 변곡점을 기다리고 있을 뿐이다. 당신은 어떠한가? 내가 하고 싶은 말은 바로 이것이다. 위기가 느껴졌을 때, 푸념하지 말라는 것이다. 어차피 위기는 주기적으로 찾아온다. 경제 뉴스를 접한 시절부터 지금까지 우리의 경제는 단 한 번도 위기의 순간이 아닌 적이 없었다. 매해가 고비였고 수많은 사람이 파산했으며 또 새로 시작했다. 이제부터는 질문을 바꿔야 한다.

'이 상황을 어떻게 바꾸어 나갈 것인가?' 모든 상황에 이 질문을 하라. 당장에 답을 구할 수 없을 때가 더 많다. 그러나 한숨을 쉬고 상황을 회피해버리는 것보다 긴 호흡에서 근본적인 대책에 대한 고민을 시작하는 것이 훨씬 생산적이다. 4차 산업혁명이 시작되어 요리와 커피를 비롯한 모든 것이 기계와 컴퓨터가 생산하게 될 때가 곧 오는데 그럼 나는 '이 어려운 상황을 어떻게 바꾸어 나갈 것인가?'

그 첫 번째 시작은 남은 시간을 효율적으로 관리하는 것이다. 5년 뒤, 요식업계를 떠나도 살 수 있을 만큼의 돈을 버는 것을 목표로 정하고 5년간의 세부 계획을 수립하라. 이 계획이 마음에 들지 않는가? 그렇다면 5년 뒤에도 나의 요리, 나의 커피가 여전히 사람이 찾을 수 있도록 장인의 반열에 다다른 실력자가 되는 것을 목표로 하라. 이제는 거의 모든 가구가 공장에서 제작되고 있지만 그래도 여전히 고가의 수제 가구를 만드는 장인들이 존재한다.

자동차 업계도 마찬가지다. 지금도 장인들이 손수 모든 과정에 참여하며 수작업하는 자동차들이 있다. 그것들은 모두 초고가의 상품이며 전 세계적으로 인정을 받는 차량이다. 요리의 분야도 마찬가지이다. 가장 낮은 부분은 이미 공장화되어 있다. 커피자판기를 떠올려보라. 커피와 프림과 설탕의 비율이 맞춰져 있어 뜨거운 물과 함께 종이컵에 투입하면 모든 생산이 끝난다. 반대로 고급 포도주나 생선회를 생각해보라. 사람의 손이 여전히 필요하고 그 분야의 것들은 최고가에 거래되고 있다. 그것들을 소비하는 사람들은 '효율'이 중요하지 않다. 기계가 할 수 있는 것 이상의 결과를 낼 수 있는 기술을 익힌다면 미래에도 걱정이 없을 것이다.

무엇이 어떻게 진행되든 당신에게 남아 있는 시간은 5년에서 10년 남짓이다. 이제 어떻게 사용하겠는가? 그 기간이 지난 뒤에는 당신은 충분한 재산을 마련해서 이 업계를 떠나든가 아니면 장인이 되어 기계가 엄두를 내지 못 하는 일을 할 수 있는 뛰어난 기술자가 되어야 한다. 당신의 숨을 막히게 하려는 것이 아니다. 우리에게 다가오고 있는 현실이다. 80년대에 나온 미래영화들을 보면 타임머신을 제외한 거의 모든 영화

속 기계장치들이 이미 현실화되었다. 스마트폰이나 태블릿, IOT, 초고속 통신망 등이 그렇다. 우리는 출근길에 영화를 보고 화장실에 앉아서 지구 반대편 프리미어리그 축구를 본다.

출발선은 다를 수 있지만, 어찌 되었든 당신의 경쟁자와 당신의 협력자 역시 5년에서 10년의 세월밖에 남지 않았다. 이제 효율적으로 사용해야 할 것은 돈과 시간이다. 돈은 이미 다른 분야의 다른 전문가들이 잘 설명할 테니 여기에서는 시간을 다루기로 하겠다. 당신은 하루를 어떻게 사용하고 있는가? 시간은 모두에게 공평하다. 누구에게나 하루는 24시간이고 24시간은 1,440분이다. 그렇기에 성공하기 위해서는 시간을 효율적으로 사용하는 방법을 알아야 하는 것이다.

첫째는 표준 일과표를 만드는 것이다. 우리가 초등학교 때 방학을 맞이하면 둥그런 원에 방학 시간계획표를 그리곤 했다. 몇 시에 일어나서 운동을 하고 씻고 밥 먹고 공부하고 조금 놀다가 TV도 보고 독서도 하다가 잠드는 것으로 그렸을 것이다. 나도 그랬다. 그렇지만 계획대로 생활했던 날은 거의 없었다. 방학이 시작되는 순간 시간 계획이라는 것을 잃어버렸다. 당신은 시간 계획표를 가지고 있는가? 몇 시에 일어나서 몇 시에 출근하고 언제부터 언제까지 일하고 언제 퇴근하며 언제 잠드는가? 그리고 그 시간 동안 당신의 활동은 어떠한가?

우선 일주일 정도 자신의 시간 사용법을 체크해보자. 월요일부터 일요일까지 자신이 어떻게 24시간을 사용하는지 체크하는 것을 4주 정도 반복하다 보면 매주 요일마다 어떤 일을 하는지 대략 확인이 가능하다. 쉴 틈 없이 바쁘게 살고 있다고 생각하면서 표로 작성하고 나면 자신이 열심히 살고 있다는 만족감을 느끼는 한편, 여유가 전혀 없는 삶을 살고 있다는 자괴감과 함께 미래에 투자할 시간이 없다는 것에 두려움이 들 것이다. 하지만 걱정할 필요는 없다. 재정 관리가 허투루 쓰는 작은 푼돈들을 모아 저축을 시작할 수 있게 도와주듯, 시간 관리를 꾸준히 하면 자투리 시간을 잘 활용할 수 있게 되어 여유 시간을 확보할 수 있고 그 시간을 이용해 자기 계발이나 여가를 즐길 수 있다.

두 번째는 자신의 표준 일과를 사분면 위에 적어보는 것이다. 표준일과들은 취침, 식사, 세면, 출근, 업무, 휴식, 식사, 업무, 식사, 야근, 퇴근, 이동, 세면, 여가, 수면 등의 것들이 적힐 것이다. 그리고 업무 중에 거래처 만나기, 잡무 처리, 미래 구상 등 다양한 내용이 적힐 것이다. 이제 사분면 위에 적어보라 한 축은 긴급성긴급한 것과 긴급하지 않은 것, 또 다른 한 축은 중요도중요한 것과 중요하지 않은 것로 나눌 수 있다.

중요하면서 긴급한 일은 하지 말라고 해도 당연히 해야 하는 일이다. 식당을 비유로 들어보자. 손님이 오면 서빙을 하고 주문을 받고 음식을 만들어 제공하고 식사 후에 자리를 정리하는 일 등이 있을 것이다. 그 밖에 세금 납부, 월세 납부, 직원들 월급 지급 등 하지 않으면 큰일 나는 것들이다. 이것들은 열심히 하라. 누구나 최선을 다해 이런 일을 하고 있다.

그다음은 중요하지는 않지만 급한 일들이다. 급하게 울리는 전화, 스마트폰을 통해 오는 수많은 메시지와 메일들, 수시로 찾아오는 영업사원 등은 우리를 급하게 만든다. 큰소리를 내며 당장 반응하지 않으면 큰일이라도 날 듯 울어댄다. 이 중에서 중요하지 않은 일들은 나 대신 처리해줄 수 있는 사람에게 위임해야 한다. 영업사원이 귀찮게 하여 우리의 집중을 빼앗고 시간을 가져간다면 직원이 영업사원을 맞이하도록 위임해라. 직원이 없이 혼자 운영하는 사장님이라면 중요하지 않고 급한일들을 한꺼번에 처리해라. 영업사원도 그때 만나자고 하는 것이 가장 낫다. 우리의 집중과 관심을 가장 많이 빼앗아가 우리의 '생산성 효율'을 가장 떨어뜨리는 것들이 바로 이 영역에 있다. 한 실험 결과에 의하면 우리에게 오는 수많은 메시지 중에 12시간 안에만 확인하면 큰 문제가 없는 메시지가 90%라고 한다. 하루에 한 번 혹은 두 번만 메일이나 SNS를 확인해도 큰 문제가 생기지 않는다는 것이다.

다음은 급하지도 않고 중요하지도 않은 일이다. 보통은 우리가 쉬고 있거나 집중이 흐트러져 있을 때 하는 일들이 여기에 적힌다. 휴대전화 게임을 하고 있거나 TV나 인터넷 포털을 보며 기사를 검색하거나 실시간 검색어가 무엇인지 보고 있는가? 사실 이것은 급하지도 중요하지도 않다. 시간을 낭비하는 것이라고 말할 수 있다. 이러한 행동을 뇌가 쉬면서 우리의 생산성과 영감을 일으키는 것이라고 보는 견해도 있다. 나는 그 의견에 반대한다. 뇌를 쉬게 하려면 차라리 명상을 하거나 아무런 생각을 하지 않는 것이 더 효율적이기 때문이다.

마지막은 급하지는 않지만 중요한 일들이다. 이 부분을 많이 적는 사람은 그리 많지 않다. 보통 레시피 개발, 인테리어 구상, 자신의 미래의 청사진 그리기, 비전보드 만들기, 여행계획 세우기, 독서, 운동, 외국어 배우기 등이었는데, 이것의 특징은 미래지향적이라는 것이다. '지금 이것을 하는 것은 사치'라는 생각이 드는 일도 있다. 그런데 5년 뒤에 세상이 바뀔 거라면 5년 뒤의 계획을 세우는 것이야말로 지금부터 시간과 관심과 에너지를 들여서 '해야만' 하는 것이다. 보통 이 부분을 대수롭지 않게 넘어가는데 나는 이게 가장 중요하다고 늘 강조한다.

지금부터 당신의 사분면을 그려보길 바란다. 우리의 행동이 어디에 집중되어 있는지 알 수 있다. 당신은 급하지만 중요하지 않은 일에 더 많은 시간을 보내는가 아니면 급하지 않지만 중요한 일에 시간을 보내는가? 당신은 현재에 매몰되어 있는 사람인가, 미래를 준비하는 사람인가?

누구에게나 시간은 공평하다. 살아온 시간만큼 우리는 시간을 다루는 훈련을 해올 기회가 주어졌다. 지금까지 그렇게 살아오지 못했다는 것을 원망하는 것은 아무런 도움이 안 된다. 지금이라도 당신의 시간을 재정립하겠다는 마음을 가져라. 마음을 갖는 순간 변한다. 당신이 시간의 주인이 되기 위해서는 시간을 바라보고 시간을 확인하고 시간을 배치해야 한다.

기계가 사람을 대체하는 시대가 가까이 왔다. 많은 부분에서 그렇게 바뀌고 있고, 이제 그 속도는 더 빨라질 것이다. 땅을 치고 후회를 하지 말고, 후회하기 전에 먼저 준비를 하는 사람이 되길 바란다. 시간만은 모두에게 공평하다는 것을 잊지 마라.

# 2

## 일하는 시간과 쉬는 시간을 구분하자

'인생은 짧고 예술은 길다.' 당신은 얼마나 바쁘게 하루를 보내는가 그리고 얼마나 많은 시간 일에 시간을 사용하며 보내는가? 앞 장에서 효율에 대한 이야기를 조금 더 이어가려고 한다. 우리는 얼마나 효율적인 삶을 살고 있는가? 우리가 사용하는 시간은 무엇을 위해서 쓰이는가?

보통 사장님들의 시간 사용은 일하는 것에 초점이 맞춰져 있다. 조금 더 근본적으로 이야기하자면 돈을 버는 행위를 하기 위해 시간을 사용하고 있다. 하루에 1/3 가까이 일을 하는데 이동하는 시간과 준비하는 시간과 일터에서 식사하는 시간까지 합치면 하루의 1/2 가까운 시간을 일과 관련된 것에 사용하고 있다.

## ◎ 온종일 일만 하는 순댓국집 사장님

동네에서 순댓국집을 운영하시는 K사장님은 새벽부터 저녁까지 영업하신다. 70대의 고령임에도 식당을 쉬지 않고 계속하고 계신다. 욕쟁이 할머니를 떠올려보면 K사장님의 모습과 비슷하리라. 가게 한편에 조그만 누울 자리를 만들어 놓고 그곳에서 생활한다. 새벽 5시에 기상해서 그날의 아침에 올 손님들을 맞이할 준비를 한다. 12가지 반찬과 2종의 밥 그리고 날마다 바뀌는 국. 이곳은 함바집건설 현장의 식당을 일컫는 말처럼도 운영되고 손님의 주문에 따라 순댓국과 설렁탕도 나오는 식당이다.

아침부터 국을 데우고 밥을 짓는다. 현장에 나가기 전 아침을 드시는 손님과 새벽 산행을 마치고 내려오는 분들이 식당을 찾는다. 한식 뷔페와 순댓국 몇 그릇을 팔고 K사장님은 잠시 쪽잠을 청한다. 9시 30분부터 10시 30분까지 한 시간 정도 선잠이 든다. 7시에 출근한 직원은 그사이 점심 메뉴를 준비한다. 점심이 사람이 가장 많이 몰려오는 때다. 계절 산행을 시작하고 마치는 사람들이 들려가고, 주변 현장의 직원들이 즐겨 찾아온다. K사장님은 친절하고 또 정답게 손님들을 맞이한다. 사장님의 강한 전라도 억양은 구수하면서 편안한 느낌을 준다.

그렇게 2시가 되면 손님들이 거의 떠나고 잠시 쉴 틈을 준다. 설거지와 저녁거리를 준비해두고 오후 3시에 잠깐 잠자리에 든다. 4시가 조금 못 되어 일어나 다시 홀을 정리하고 반찬들을 살핀다. 이때 직원도 또 다른 쪽 방에서 잠깐 눈을 붙인다. 4시부터 다시 저녁 장사가 시작된다. 술을 찾는 손님이 많지 않고, 가끔 뜨거운 국물을 찾는 손님들이 온다. 저녁은 국밥이 조금 더 많이 나간다. 9시에 마감을 하려 하면, 술을 마신 사람들이 술을 한잔 더 마시려, 해장하러 식당을 찾는다. 11시 정도가 되면 모두가 나간다. 홀을 정리하고 청소를 하고 주방의 것들을 마무리 지으면 12시가 훌쩍 넘는다. 그날의 매상을 마감하고 TV를 틀고 잠에 꾸벅꾸벅 졸기 시작한다. 그렇게 눈을 뜨면 다시 5시가 시작된다. 1년 365일을 이렇게 반복한다.

24시간을 고스란히 식당에 바친 K사장님의 이야기이다. 물론 고령이시기도 해서 빠릿빠릿하게 움직이면 할 수 있는 일도 오래 걸리기에 시간이 많이 필요하기도 하지만, 자녀들도 다 키웠고, 본인이 더 빨리 늙지 않으려고 사람들을 만나고 식당을 운영하시는 부분도 있다. 그래서 24시간을 식당과 함께한다. 손님이 가족이고 거래처 사람들이 친구들인 셈이다. 혹시 당신도 이렇게 살고 있지 않은가? 쉬는 시간이 없다고 뇌가 느낄 정도로 24시간을 '일하는 모드'로 살고 있지 않은가? 잘 일하기 위해서 쉬는가, 잘 쉬기 위해서 일하는가에 대한 대답을 분명히 가지고 있어야 한다. 이것은 자기 업무에 대한 철학이기도 하다.

10시간 가까이 중노동을 하는 요식업에서 휴식을 제대로 하기란 쉽지 않다. 군대에서 말하는 5분대기조와 무엇이 다르랴. 분명히 잠시 편한 자세로 앉아 있다가도 손님이 오면 바로 일어서서 서빙을 하고 요리를 만들어야 하는 게 작은 사장님들의 숙명이다. 양식이나 일식의 식당들은 브레이크 타임이라 하여 점심과 저녁 시간에 일정 시간 동안 손님을 받고 있지 않다. 어떤 사장님들은 이 시간에 직원들과 적절한 휴식을 취하기도 하고 어떤 사장님들은 이 시간에 재료를 다듬고 식당을 정비하며 시간을 보내기도 한다. 쉬고 쉬지 않고는 사용자가 결정할 사항이다.

자신은 일 중심적인 사람이라서 일을 더 잘하기 위해서 쉰다고 하는 분들이 많으시다. 그런데 그런 분들도 '쉬지 않는 것'이 가장 큰 문제이다. 하루에 14시간씩 일을 하고 잠깐 집에 자러 갔다 온다. 가족과의 시간과 자기계발을 위한 시간을 쪼개 놓는 것도 당연히 중요한 것이지만, 일 자체로도 능률이 떨어지는 현상이 계속되는데, 계속 이런 삶을 유지하시는 사장님들을 보면 마음이 아프다.

그분들이 그렇게 사는 이유는 첫째로 이렇게 하지 않으면 일을 도저히 해나갈 수 없어서이고 두 번째는 이렇게 살아보니 살아볼 만하다는 것이다. 그렇게 1년을 버티시는 분들이 있다. 버텨지면 2년, 3년을 그렇게 사신다. 특별한 사명감을 가지고 사는 게 아니라, 입에 풀칠해야 하기에 시작했는데 막상 해보니 죽을 정도는 아니라는 것이었다. 이런 매장의 특징은 쉬어도 쉬는 게 아니라고 위에서 언급했다. 고객이 언제 올지 모르기 때문에 몸이 늘 긴장 상태를 유지하고 있기 때문이다. 쉬기 위해 퇴근을 하고 집에 가면 몸은 빠르게 수면을 요구한다. 즉, 지쳐 쓰러져 잠자리에 들어버린다. 빨리 몸을 회복시키기 위해서이다.

수면은 몇 가지 패턴이 반복된다. 수면에 들기 위한 준비, 얕은 잠, 깊은 잠, 몇 번의 반복 그리고 몸이 일어날 준비를 하고 잠에서 깬다. 이러한 과정을 거치지 않고 바로 쓰러져 잠드는 것은 잠의 모든 패턴을 변형시킨다. 충분히 수면의 준비가 있어야 몸이 잠을 잔다고 인식할 수 있는데 그 시간이 부족하면 뇌가 잠을 자고 있다고 느끼지 못한다. 당신도 너무 피곤해서 쓰러지듯 잠들었다가 다음 날 눈을 떴는데 피로감이 사라지지 않은 적이 있을 것이다. 마찬가지로 수면에 들기 위한 준비가 부족했기 때문이다. 충분한 수면은 잠들기 좋은 환경과 충분한 준비 시간, 스트레스 없는 정신 상태 등이 필요하다.

나폴레옹은 말 위에서 하루에 4시간씩만 잠을 자며 전투를 준비했다고 한다. 그래서 유럽을 정복할 수 있었다고 한다. 하지만 당신이 유럽을 정복할 셈이 아니라면 당신의 하루 중의 시간을 수면에 조금 더 양보하자. 1/3이 잠이라면 하루에 8시간은 잠 혹은 잠과 관련된 활동을 보내야 하는데, 우리나라 통계는 그에 훨씬 못 미치고 있다. '잠들지 않는 나라 대한민국'이란 말은 과거에는 발전의 상징이었을지 모르나, 지금은 많은 것들이 달라졌다. 밤새 쉬지 않고 일하던 산업들이 사라졌다. 단순한 판매업들은 자판기와 기계들이 대신하고 있고 계산마저 사람이 하지 않는 무인계산 시스템으로 사람이 일하지 않게 되었다. 충분한 수면과 휴식을 취하는 발전하는 나라의 특징은 적게 일하고 많이 버는 세상이 되어 가고 있다는 것이다. 우리가 원하든 원하지 않든 우리나라도 그렇게 흘러갈 것이다.

충분한 잠을 확보하고 앞으로 변해 갈 세상에 대한 공부를 더 하는 것을 권장하는 바이다. 충분한 수면을 취하면 자연스럽게 당신의 컨디션이 좋아지고 그로 인해 당신이 생산해내는 것들의 퀄리티가 향상되는 것을 확인할 수 있다. 너무 단순하고 뻔한 내용을 반복하고 있는 이유는 충분한 휴식을 취하는 것이 사람에게 그만큼 중요한 것이고, 그럼에도 불구하고 휴식을 제대로 취하지 못하는 사람이 많기 때문이다.

TV를 보느냐고 늦게 잠들어 아침에 일어나기 힘들다면 TV를 꺼라, 아니 없애라. TV 없는 삶의 무료함을 무엇으로 채울까 걱정하지 말고 잠을 더 자라. 정 안되면 음악을 듣거나 책을 읽어라. 당신의 수면의 질을 더 높일 것이다. 컴퓨터를 멀리하고 스마트폰으로부터 자유로워져라. 당신을 삶을 편리하게 해줄 도구가 당신의 수면을 방해하고 있지 않은가? 당신을 괴롭히고 있지 않은가? 이것이 결코 당신의 업무에 도움이 되지 않는다는 것을 명심해야 한다.

시간을 단순하게 사용해라. 눈을 뜨고 있는 시간과 눈을 감고 있는 시간의 비율은 2:1 되어야 한다. 그만큼의 잠을 자야 한다. 그래야 눈을 뜨고 있는 시간을 더 잘 활용할 수 있다. 자신의 현실과 거리가 있는 이야기라면 지금부터라도 하나씩 바꾸어 보라. 당신의 수면을 점검해보라. 나는 잠을 잘 자고 있는가? 충분하게 자고 있다고 생각하는가?

이 수면으로 인해 생산성이 향상되고 있는가? 잠을 잘 자는 것만으로도 행복한가? 자신의 현재 상태를 객관적으로 점검하고, 잠을 방해하는 요소가 있다면 과감히 정리하자. TV와 조명 스마트 폰과 노트북이 나의 수면 시간을 좀먹고 있는가? 유튜브에서 찾을 수 있는 '잠이 안 올 때 듣는 음악', '백색 소음', '빗소리 모음', '물소리와 새소리' 등을 틀어 두어라. 밀린 드라마와 예능으로부터 멀어져라. 새벽 축구를 보는 것에 시간을 낭비하지 마라. 그것들보다 충분하고 편안한 수면이 당신의 삶을 더 풍족하게 만들어준다는 것을 잊지 마라.

시간의 특징은 사용하면 돌아오지 않는 것이다. 우리는 과거를 아쉬워하며 산다. 유년 시절 부모와 함께 보냈던 시절들을 기억하고 학창시절 빛났던 과거를 회상한다. 젊은 시절 찬란했던 자기를 돌아보며 오늘을 산다. 어쩌면 그렇기 때문에 잠들기 아쉽고 더 무언가를 하고 싶은 것인지도 모른다. 그러나 우리에게는 오늘이 가장 젊고 찬란한 날이라는 것을 상기해야 한다. 과거나 미래에 속박되어 '지금'이라는 자신의 전성기를 무시하지 않기를 바란다. '그 무엇이 어떠해도 현실은 시궁창'이라며 SNS에서 자신의 어려움을 토로하는 사람들의 글을 본다. 그렇게 10년이 지난 뒤에는 자신의 삶에 무엇이 남을까? 아마도 내가 10년만 젊었더라면, 내가 다시 학생이 된다면 이렇게 살지 않으리라고 다짐을 할 것이다.

그런 후회를 하지 않으려면 지금 이 순간에 그렇게 살지 않는 것이 중요하다. 지금 이 순간에 후회하지 않을 삶을 사는 것이 10년 동안 쌓여야 '10년 전에 나는 충분히 만족한 삶을 살았어. 그리고 지금도 유효해'라고 말할 수 있는 것이다. 현재 하고 있는 일들을 다 접고 때려치우라는 것이 아니다. 미래에 대한 계획을 다 버리고 오늘을 방탕하게 살라는 것 또한 아니다. 당신이 원하는 것이 '오늘이 마지막인 것처럼 다 소진하며 살아가는 것'은 아닐 것이다. 행복하고 즐거운 오늘을 살아야 그것이 내일로 이어지고 그 이어짐이 끊이지 않아야 비로소 '행복한 인생'이 되는 것이라고 말하고 싶은 것이다.

그중에 가장 커다란 비중은 인생의 1/3을 차지하는 수면이다. 그리고 쉬며 보내는 시간의 질이다. 당신의 수면이 질이 낮다면 당장 바꿔야 한다. 이는 당신의 삶에서 행복을 차지하는 가장 큰 부분을 수정하는 것이고, 그 결과는 당신의 소득으로까지 이어질 것이다. 너무 커다란 이야기를 해서 현실감 있게 와닿지 않을 수 있다. 방법론은 너무 다양하고 사람의 생활 태도와 양식에 따라 다를 것이기 때문에 함부로 논하기 어렵다. 특히 요식업은 너무 다양한 삶의 패턴이 있어서 더욱이 그러하다. 그런데도 당신이 가지길 바라는 '삶의 철학'은 '지금'을 누리면 '누리는 인생'이 되고, '지금'을 버티면 '버티는 인생'이 된다는 것이다.

조금 더 쉬기 위해 효율적이고 생산적인 걸 고민하는 '게으른 천재'가 되길 바란다. 우리의 모든 창조성은 목적이 있을 때 비로소 결과물을 가져온다. 잠을 더 자기 위해서 일을 줄일 방법을 고민해보고, 조금 더 잘 쉬기 위해서 생산성을 높일 방법을 찾아보자. 꿀과 같은 휴식이 당신의 삶에서 조금이라도 더 늘어나길 기도해본다.

# 나의 하루 돌아보기

사람들의 하루는 크게 봤을 때 모두 같다. 세세한 업무와 삶의 패턴은 다르지만 크게 보면 비슷한 행동을 반복하고 있음을 알 수 있다. 사람의 일반적인 삶은 수면-업무-식사-업무-식사-수면의 패턴으로 이루어져 있다. 무엇이 어쨌건 일과 밥과 잠이라는 것을 반복하며 사람들은 살아간다. 이 책을 보는 요식업계의 분들은 기뻤으면 좋겠다. 현대인의 삶 속에 빠질 수 없는 주요한 세 가지 요소 중 하나로 식사가 들어갔으니 말이다.

지금은 위기의 시대다. 이 책이 10년 뒤에 읽히든 20년 뒤에 읽히든 이 패턴에서 크게 달라지지 않을 것이다. 적어도 10년 뒤의 한국인들은 수면과 업무와 식사를 반복할 것이다. 시간이 더 지나고 나면 식사를 대용할 캡슐이 나오거나 모든 사람이 일하지 않아도 되는 시대가 올지도 모르기 때문에 100년 뒤까지는 말하지 않겠다. 사람의 하루가 같다면 당신은 그 하루를 어떻게 보내는가? 당장 어제의 기억을 떠올려보자. 앞에서 말했던 표준 일과표를 작성하여 지내고 있는가? 사분면 위의 삶을 구분하며 시간의 중요성을 깨달으며 생활하고 있는가?

사분면의 항목들을 적었다면 어느 곳에 가장 많은 항목이 적혀 있는지 보라. 보통은 중요하지 않으면서 급한 일들에 많은 항목이 적혀 있다. 이것들의 특징은 한 건의 처리 시간은 적지만 종류가 많다는 것이다. 이메일 확인하기, 카카오톡 확인하기, 문자 메시지 확인하기, 고지서 확인하기, 그동안 연락하지 못했던 사람들에게 연락하기, 지금 당장 걸려 오는 전화 받기 등이 그것이다. 이것들에 할애되는 시간을 총량으로 체크해보자. 보통은 10% 안쪽이다. 금방금방 처리할 수 있는 만큼 오래 붙잡고 있지는 않다.

중요하면서 급한 일은 그 비율이 높든 낮든 상관없다. 하지 말라고 안 할 수 없는 내용이라서 그렇다. 요식업의 경우 출근해서 가게를 오픈하고 손님을 맞고 식재료를 다듬고, 청소하고 서빙을 하고 설거지를 하는 일들은 아주 중요하다. 또한, 급한데다가 하지 않으면 다음 일들을 진행할 수 없는 일들은 열심히 하고, 효율을 발휘할 수 있는 실력을 기르길 바란다. 효율적인 동선을 개발하고 함께할 수 있는 사람들과 협업을 한다면 더 좋은 결과물들을 만들어낼 수 있다.

우리가 줄여야 하는 가장 많은 시간은 중요하지도 않으면서 급하지도 않은 일들에 많이 포진되어 있다. 수면을 제외한 휴식의 시간에 당신은 무엇을 하는가? 스마트폰과 TV에 매몰되어 살아가고 있지 않은가? 요새는 화장실을 갈 때도 샤워를 하러 들어갈 때도 스마트폰과 함께한다. 집안에 들어설 때 TV 소리가 들리지 않으면 그 정적을 견디지 못하는 사람도 많다. 그렇게 우리는 매체에 우리의 정신을 빼앗긴다.

이렇게 보내는 시간이 얼마나 되는지 계산해 본 적이 있는가? 주변 사장님들을 컨설팅하며 조사해본 결과 하루 평균 3~4시간을 스마트폰과 TV 등을 보는 데 소모하고 있으며 그 이상을 넘기시는 분들 또한 대단히 많았다. 여기에서 시간을 절약해서 더 잘 쉴 방법을 찾아야 한다. 이러한 매체 대신 당신이 시간을 보내면 좋을 것들을 추천해본다. 한 번쯤은 읽어 보고 적용해보길 바란다.

### 1) 조깅 혹은 걷기

조깅이나 걷기는 사람에게 굉장한 활력을 준다. TV나 스마트폰에 빠져 좀비와 같은 생활을 하고 있지 않은가? 최근에 일명 스몸비스마트폰+좀비가 교통사고를 당하거나 일으킬 주요한 요소로 부상하고 있다. 길을 갈 때는 스마트폰을 잠시 넣어두고 걸어라. 수영하거나 테니스를 하는 것도 좋지만 비용이 든다. 걷는 것은 돈을 받지 않는다. 사람은 걸으면서 뇌세포가 활성화되어 많은 아이디어를 갖게 된다. 열심히 걸으면서 자기 삶을 푸념해본 적 있는가? 파워워킹이나 조깅을 하면서 무언가를 포기할 생각을 해본 적이 있는가? 아마 없을 것이다.

이것은 조깅과 걷기가 긍정적인 활력을 주는 매력적인 방법이라는 것을 나타낸다. 심지어 무료이다. 황사, 미세먼지, 초미세 먼지가 두려워 밖에 나가지 않는 경우가 많다. 면역력 향상을 위해 몸을 단련할지, 아니면 몸을 웅크리고 스몸비로 계속 지낼 것인지, 선택은 당신에게 달려 있다.

### 2) 독서, 독서 모임, 그리고 글쓰기

인간이 사용하는 언어의 요소는 크게 세 가지로 나눌 수 있다. 읽기, 말하기, 쓰기. 사람은 하루에 한 시간 정도의 시간을 내면 60페이지가량의 글을 읽을 수 있다. 물론 사람의 능력이나 읽는 글의 어려운 정도에 따라 분량은 바뀔 수 있다. 한 시간에 읽을 수 있는 양을 60페이지라고 가정하고 월요일부터 금요일까지 한 시간씩 투자하면 300페이지짜리 책을 매주 한 권씩 읽을 수 있다. 산술적인 계산이라 꼭 바르다고 할 순 없지만, 대략으로 계산하자면 1년에 54권의 책을 읽을 수 있고 어림잡아 10년이면 500권 이상의 책을 읽을 수 있다.

하루에 한 시간으로 이 정도의 성과를 이룰 수 있다. 지난 10년간 당신은 몇 권의 책을 읽었는가? 60분을 투자하라. 독서를 권장하는 이유는 당신이 처해 있는 곤경을 똑같이 경험하는 사람들의 글을 읽으며 마음을 치유할 수 있고, 이미 당신이 지나온 길을 지나온 인생 선배들의 글을 읽으며 지혜를 구할 수 있으며, 성공과 실패담을 읽으며 당신의 삶을 재정비 할 수도 있기 때문이다. 엄청난 정보들이 서점에 잠들어 있다. 지금의 상황을 이겨내려 노력하고 있다면 이보다 가장 확실하고 쉬운 방법이 없다. 당장 서점으로 달려가라. 책을 읽은 것만으로는 나의 것으로 완벽히 소화하는 건 어렵다. 책을 함께 읽는 그룹을 만들어 읽은 것에 관해서 이야기하라. 처음은 읽은 감상만이라도 좋다. 그 뒤로는 책의 줄거리들을 이야기하라. 무엇을 읽었고 어떤 내용이었는지 말해보자.

글의 줄거리를 말하는 게 어렵지 않게 되는 수준이 되기까지는 오랜 시간이 걸린다. 글을 읽고 그 내용을 완전히 소화할 수 있는 실력이 되는 데까지는 그만큼의 시간이 걸리기 때문이다. 매일 1시간씩 책 읽기에 투자해서 6개월에서 1년을 유지하면 그 분야의 어떤 책을 읽더라도 완벽히 이해할 수 있게 된다. 그 뒤로는 그 책에 대한 자신의 적용점, 나의 업체나 일상에서 시도해야 할 것들을 나눈다. 이것은 상대의 내용을 이용하여 새로운 내 것을 창조하는 행위이다. 쉽게는 '여기에서 말하는 쿠폰을 나도 써봐야겠어', '청소법을 저렇게 바꾸어 볼래', '메모를 저렇게 하는 게 더 좋겠어' 등에서 시작하여 깊게는 몇 가지 내용을 융합해 나만의 새로운 개념과 이론을 만들어낼 수 있다. 책을 통해 많은 정보를 얻고 그 내용을 입으로 말하고 고찰을 해본 사람들만 가능한 고차원적인 기술이다. 이 기술을 가지기 위해서는 하루 1시간을 투자해야 한다. 중요한 것은 그 책의 내용을 나의 것으로 녹여내는 것이다.

우리가 언어로 자기 생각을 분명하게 표현하지 못할 만큼 어릴 때부터도 했던 것이 있다. 바로 낙서이다. 아이들의 낙서를 보면 아무 의미 없는 선인 것처럼 보일 수 있지만, 그것은 분명한 자기표현이다. 우리는 읽기와 말하기보다, 그리기와 쓰기를 먼저 했다. 자신이 글을 쓰는 재주가 없다고 말하는 수백 명의 사람을 보았다. 그들의 가장 큰 문제는 멋지고 아름다운 문장을 쓰려 하는 데 있다. 괜히 멋진 글을 쓰려 하지 말고, 일기를 적듯이 하루에 있었던 일들과 그때의 기분을 적고, 떠오르는 아이디어를 적고, 오늘 만난 사람의 이름과 전화번호와 인상 정도를 적어보자. 어렵지 않다.

글을 쓰는 훈련은 내면의 정화를 불러일으킨다. 울고 싶을 때, 화가 날 때 그 감정을 있는 그대로 글로 적어 내려가면 물론 문장도 안 되고 표현도 과격하고 볼썽사나운 글이 될 경우도 있지만, 그렇게 적어 내려가는 것만으로도 마음속에 있는 응어리가 풀린다. 소리 지르는 것과는 다른 상쾌함이 찾아온다. 글로 내 응어리진 감정을 다 쏟아내고 나면 다시금 내면이 잠잠해진 것을 느낄 수 있다. 또한 그렇게 쓰인 글을 시간이 지난 뒤에 돌아보면, 재미있고 부끄럽기도 하고, 대견하기도 하다. 말은 입에 담고 나면 사라진다. 우리가 녹음을 하지 않는 이상 말은 시간과 함께 사라져 버린다. 그러나 글은 다르다. 종이 위에 쓰든 컴퓨터로 쓰든 시간의 흐름에 마모되지 않고 글을 쓸 때의 감정과 생각이 고스란히 남는다. 물론 삭제를 시키거나 종이를 태우면 사라지겠지만 적어도 자연히 사라지지는 않는다. 시간이 지나 성숙해진 뒤에 미성숙했던 자신의 모습을 보는 것도 큰 공부가 된다. 글을 쓰는 것은 모든 사람이 할수 있는 창조 행위이며 자신을 되돌아볼 수 있게 해주는 자아성찰의 도구이다.

### 3) 영화·음악·미술 등의 예술 감상 및 체험하기

모든 사람은 예술가이다. 아이들이 그리는 낙서도 예술의 주제가 될 수 있다. 사람들은 음악을 시간의 예술이라 부른다. 음악이 연주되는 그 시간이 지나면 사라지기에 유한한 성질을 지닌 예술이라고 보는 것이다. 미술은 빛의 예술이라고도 한다. 빛을 통해 확인하는 색채뿐만 아니라 붓의 획에서 느껴지는 것까지 우리 눈을 통해 작품이 말을 걸어온다.

영화는 이 두 가지가 합쳐진 예술의 종합체이다. 영화관에서 보는 영화는 TV에서 볼 수 있는 예능과 드라마와는 또 다른 분위를 준다. 영화관과 스크린 음향의 차이도 있거니와 영화감독의 구상하는 그림과 드라마 PD가 바라보는 그림 또한 다르기 때문이다. 상영 시간 동안 온전히 영화 몰입한 뒤 느껴지는 카타르시스가 있다. 시간이 지나도 영화관이 존재할 수 있는 이유이다. 더 나아가 능력이 된다면 감상하는 것을 넘어서 직접 해보는 것도 좋다. 악기를 연주하거나 그림을 그리는 것은 몰입이 필요하다. 박자에 맞춰 연주하는 데 자신을 오롯이 맡겨 보는 것만큼 큰 스트레스 해소가 없다. 손에 붓을 쥐고 상상의 세계로 여행을 떠나는 것 또한 나 자신을 리플레시 하는데 좋은 방법이다.

위와 같은 몇 가지 방법으로 중요하지도 않고 급하지도 않았던 시간에 했던 행동들을 바꾸어 본다면 어떨까? 무기력하고 피곤했던 삶이 활기 넘치는 삶으로 변할 것이다. 이전에 하지 않았던 새로운 것에 대한 시도만으로도 우리의 뇌는 흥분을 느끼게 되고 새로운 힘을 얻기 때문이다. 여행을 가면 이전에는 몰랐던 힘이 나에게 있다는 것을 알게 된다. 여행을 계획하는 것만으로도 우리에게 그 힘을 주게 된다는 사실을 알고 있는가? 당신이 무의미하게 버리고 있던 시간에 새로운 것을 시도하라. 그것은 피로감을 주는 것이 아니라 반대로 새 힘을 공급해줄 것이다. 앞서 이야기했던 중요하지도 급하지도 않은 일에 낭비되는 시간을 운동이나 독서, 여행을 하는 시간으로 바꿔 새로운 힘을 얻는 원천으로 삼기를 바란다.

이 분야의 특징은 미래지향적이고, 지금 당장 하지 않아도 큰일이 나지 않는 그런 일들이다. 우리가 쉽게 잊는 이유이기도 하다. 시간을 내고 에너지를 소모하고 정성을 들여서 해야만 하는 것들이 주로 적혀 있다. 그래서 보통은 10% 이하, 5% 정도의 시간을 들여서 하는 것을 나타낸다. 미래에 일어날 일에 두려움과 걱정이 있다면, 우리는 여기에 보내는 시간을 늘려야 한다. 하루 한 시간 독서로 1년에 50권을 읽을 수 있듯, 하루에 30분을 투자함으로 내 사업장이 더 업그레이드되고, 미래에 대한 계획들이 더 분명하게 세워질 것이다.

당신은 하루를 어떤 곳에 어떻게 사용하고 있는가? 어제의 시간을 사용한 것을 본다면 오늘의 우리가 왜 이렇게 살고 있는지 알게 된다. 과거가 마음에 들지 않는다면 지금을 바꿔라. 오늘이 바뀐다면 내일도 바뀌게 될 것이다. 하루는 누구에게나 같으며 시간은 남기거나 빼앗아 갈 수 없다. 주어진 시간을 잘 사용해야 한다. 아깝지 않으려면 말이다. 술 한 잔에 과거의 영광을 그리며 오늘을 한탄하지 않는 당신이 되길 바란다. 주어진 오늘부터 잘 사용하자.

# 4

## 평범한 '지금'을 쌓아 특별한 '미래'로…

세월은 시간의 연속체이다. 10년의 세월은 1년이 10번 모인 것이고, 1년의 세월은 한 달이 열두 번 모인 것이다. 한 달은 1일이 30번 모인 것이고 1일은 1시간이 24번 모인 것이다. 이런 초등학교 수준의 이야기를 왜 하느냐고? 그렇다면 당신은 지난 10년을 어떻게 살아왔는가? 한번 돌이켜보며 기억나는 사건을 적어보라. 기억이 잘 나지 않는다면 긍정적이었던 일을 다섯 개, 부정적이었던 일을 다섯 개 적어보라. 사업을 시작하며 큰 꿈을 꾸었다든가, 자녀가 태어났다든가, 큰돈을 벌었다든가, 누군가 세상을 먼저 떠났다든가, 사업이나 직장에서 커다란 실패를 맛보았다는 것 등 어떤 것이든 좋다. 어떤 일들이 기억나는가? 이 사건들은 시간 위에 있다. 우리가 기억하는 그 감정들도 시간 위에 있다.

모든 인생은 시간이라는 일방향의 직선 위에 존재한다. 다시는 돌아오지 않는 직선이라면 우리는 시간을 어떻게 사용해야 할까? 우리가 사용할 수 있는 시간은 '지금'뿐이다. 과거는 이미 지나갔고, 미래는 기다리고 있다. 아직 우리 손에 들어오지 않았다. 당신이 지금 이 순간을 어떻게 사용하느냐에 따라 미래의 방향이 좌우되고 지금 이 순간의 노력이 쌓여 우리의 과거를 규정한다.

이런 뻔한 이야기를 하는 이유가 있다. 첫째는 당신에게 주어진 시간이 얼마나 소중한지 당신이 더 깊이 알아야 하기 때문이다. '그 시절이 참 좋았지'라며 이야기하는 사람들은 현재에 만족하지 못하기에 과거에 젖어 사는 사람들이다. 이런 사람들은 많은 경우 과거의 그 시점에도 같은 이야기를 한다. 20대에는 10대의 학창시절을 그리워한다. 30대가 되면 20대의 찬란했던 아름다움을 그리워한다. 정작 오늘이 자기 인생에서 가장 젊은 날이라는 것을 잊고서 말이다. 기억하라. 당신이 살아있는 한 '오늘'이 당신 인생에서 가장 젊고 아름다우며 찬란한 날이라는 것을 말이다.

둘째는 과거로부터 당신을 청산하기 위함이다. 과거는 당신에 대한 많은 데이터를 가진 도서관이나 박물관과 같다. 그래서 당신의 장단점, 발전 방향과 조심해야 할 것들이 담겨 있는 곳이다. 과거에서 많은 것을 얻을 수 있는 것은 인정한다. 단, 그렇게 자료를 열심히 찾는 이유가 바로 오늘을 위해서여야 한다. 과거에 매몰되어 있는 사람들을 많이 볼 수 있다. 오래된 앨범을 보며 과거의 기억에 빠져서 현재를 못 보는 일이 없도록 해야 한다.

과거에 빠지면 무엇이 남는가? 그때보다 나이든 자신의 모습을 보며 한숨짓는 건 아닌가? 과거의 기억들을 되짚어보며 우리에게 필요한 자료들을 꺼내 와야 한다. 내가 잊고 지냈던 그 시절 나의 강점이 무엇이었는지, 그때 못하던 것을 지금 잘하게 된 것은 무엇인지, 나는 얼마나 발전했는지 성찰해야 한다. 지금의 나를 인정하고 자존감을 높이고, 장점을 찾아주어라. 과거의 가장 좋은 용도는 지금 잠시 잊고 있었던 나에게 새로운 에너지를 공급해주는 것이다.

세 번째 이유는 '지금'이 모여 미래를 이루는 것임을 잊지 않기 위해서이다. 오늘이 지나야 내일이 온다. 현재가 지나면 미래가 온다. 오늘을 무책임하게 산다면, 미래에도 나는 무책임함에서 벗어나지 못한 삶을 살고 있을 것이다. 지금을 치열하게 산다면 그 치열함의 보상을 미래에서 받게 된다. 당신은 미래에 무엇을 원하는가? 미래에 원하는 것을 얻기 위해 지금 열심히 살고 있는가? 미래 없이 계획 없이 하루를 보내는 것을 당장 멈추어야 한다. 10년 뒤에 어떠한 삶을 살고 싶은가? 그걸 위해 1년 차에는 어떤 게 이루어져야겠는가? 또 그렇다면 1개월 차에는 어떤 준비가 되어야 하고 첫 번째 날에는 무엇을 해야겠는가? 하루아침에 놀라운 결과가 일어나는 경우는 없다. 꾸준함이 보다 나은 결과를 만든다.

로또에 맞으려면 적어도 로또를 사는 노력은 보여야 하고, 사업으로 대박이 나고 싶다면 사업을 시작해야 하지 않겠는가? 중간 중간에 내가 원하지 않는 결과를 맞이할 수도 있다. 포기하지 않고 방향을 유지한다면 결국에는 그 방향에 도착한다. 우리가 서울에서 부산을 가기 원하면서 일산 방향으로 걸어간다면 과연 부산에 닿겠는가? 지구를 한 바퀴 돈다면 몰라도, 부산에 빠르게 도착하기 위해서는 부산 방향으로 걸어야 한다는 것을 명심하자.

이제, 자기를 분석해보도록 하자. 흰 종이를 가지고 탁자에 앉아 조용히 생각을 해보자. 당신이 하는 업무에 있어서 잘하는 것이 무엇인가? 당신이 여성이라면 마인드맵을 추천하고 남성이라면 육각형 그래프를 추천한다. 여성은 남성보다 마인드맵을 잘 사용하고 창의적인 대답을 잘 내기 때문이다. 남성이라면 요식업을 할 경우에는 체력, 레시피 감각, 인테리어 감각, 서비스 마인드, 재정 관리 능력, 매장 관리 능력 정도를 가늠해 보는 게 좋겠다. 여섯 개의 항목을 각 방향에 적어두고 나는 몇 점인지 그려보라. 모든 것이 월등한 정육각형 모습이라면 더할 나위 없겠지만 자신이 약한 부분과 강한 부분이 드러날 것이다. 이것이 자신의 현재의 모습이다.

이제는 한 달 뒤, 1년 뒤의 그래프를 그릴 것이다. 자신이 원하는 성장을 그래프에 표시하라. 정육각형을 그려도 좋고 현실감 있게 더하고 싶은 부분을 더 채워 넣어도 좋다. 다 그렸다면 현재의 그래프와 일정 기간 뒤의 그래프를 한번 비교해보라. 어느 분야가 얼마나 성장해야 할지 드러날 것이다. 이것이 오늘부터 당신이 키워 가야 할 능력들이다.

조금은 손에 잡히는가? 어떤 분야에 더 힘을 기울여야 하는지 스스로 판단할 수 있는 안목을 길러야 한다. 과거를 기억하는 도구들이 있다면 이제 1년 전 그래프를 그려보자. 당신은 1년 전 어떤 수준이었는가? 지금과 같았는가? 도형의 면적이 작았는가? 과거의 도형의 면적이 작았다가 현재가 더 커진 것이라면 당신은 그만큼 성장한 것이라고 할 수 있다. 무슨 능력을 어떠한 방법으로 길러왔는가? 성장의 도구들을 이용해서 지금까지 온 것이라면 지금부터 미래까지 가는 동안 당신은 무슨 도구를 사용하여 어떻게 성장하겠는가?

이러한 기록들을 매일 매일 적는 것은 그 변화가 눈에 잘 보이지 않는다. 때문에 적는 게 별 의미가 없어 보이기이도 하지만 기록의 힘은 일정 기간이 지난 뒤 자신의 자취를 돌아볼 때 그 위력을 발휘한다. 1년 전 어느 날 당신에게 무슨 일이 있어서 변화의 기점이 되었던 것을 기억하는가? 10년간 변하지 않고 꾸준히 해왔던 노력은 무엇인가? 너무 당연하게 해왔던 일이기에 우린 잊어버릴 때가 많다. 그래서 기록이 중요하다.

이제 미래의 그래프를 다시 보자. 성장하기 원하는 부분이 어느 분야이고 얼마큼인가. 이제부터 계획을 세울 차례이다. 당신에게 주어진 일과와 휴식의 시간 동안 어떻게 하면 그 틈새를 메울 수 있겠는가. 이것을 월간 목표, 주간 목표, 일간 목표로 배분한다. 당장 체력을 기르기 위해 오늘 10분 걷고 팔굽혀 펴기를 10개하고 책을 2페이지 읽는 것 등이 있겠다. 이렇게 하루의 일간 목표들을 세우자. 여기에서 중요한 것은 세우는 계획이 구체적이어야 하고 측정 가능해야 하며 숫자로 표현할 수 있어야 한다. 또한 실현 가능한 목표여야 하며 결과가 눈에 나타나야 한다. 하루 혹은 일주일, 한 달이라는 기간이 설정되어야 계획이라고 할 수 있다. 이를 경영학에서는 스마트SMART 기법이라고 하는데, 이것은 4장의 목표 관리에서 좀 더 자세히 다루도록 하겠다.

무엇보다 먼저 해야 할 일은 당신이 원하는 만큼을 명확하게 정하는 것이다. 내 경험에 의하면 사람들은 자신이 원하는 지점을 설정하는 것을 가장 어려워한다. 내가 무엇을 원하는지 얼마나 원해야 할지 잘 모르는 것이다. 그저 지금의 상황보다 나아지길 바랄 뿐, 명확한 수치를 목표로 가지고 있지 않다. 쉬운 방법이 있다. TV나 책을 보면 장사가 잘 되는 곳을 소개하는 것을 흔히 볼 수 있다. 그런 곳을 목표로 삼는 것이 한 방법이다.

요식업을 한다면 연 매출 수억 원대의 맛집에 가보라. 당신이 하는 일이 무엇이든 상관없다. 규모는 비슷할수록 목표를 세우기가 쉽다. 그런 집을 대상으로 삼아라. 따라잡든 그 이상의 수익을 올리든 그 집을 기점으로 삼고 당신의 업장과 비교해보라. 어떤 분야에서 차이가 나는지 알 수 있을 것이다. 차이가 나는 부분은 당신이 성장시켜야 할 요소다. 이것을 눈대중으로 죽 훑어가면 정확한 데이터를 뽑기 어렵다. 휴일 하루 정도 피크타임에 몇 시간 동안 죽치고 앉아서 그곳의 분위기와 손님들이 오가는 정도, 직원들의 서비스와 반찬, 청결과 온도까지 여러 항목을 미리 적어 가서 체크해보자. 돌아와 당신의 업장과 비교하여 항목들을 들여다보라. 이제 당신의 목표가 생겼다. 부족한 부분들을 어떤 시간에 어떤 방법으로 채울지 생각해보라.

당장 내일부터 당신이 목표로 한 그 업장을 따라잡기 위해서 해야 할 일들이 생겼다. 목표가 생겼으니 이제 실행하면 된다. 사장이라면 현재의 일을 뒤로 미루면 안 된다. 일을 제때 해결해야 한다. 오늘 하루 동안 걸은 발걸음이 모여 목적지에 다다를 것이라는 믿음을 가지고 우직하게 걸어야 한다. 이 뻔한 이야기야말로 성공한 수많은 사람이 지켜온 비법이다. 목표를 설정하고, 목표까지 가는 길을 N등분하여 오늘의 할일을 미루지 않고 하기, 일정 기간 뒤 평가 후 방향에 대한 수정을 갖기. 이것을 반복하는 것이 성공으로 가는 길이다.

한걸음 앞만 보고 가다 보면 일직선으로 가지 못하는 경우도 많다. 그렇게 열심히 걸었지만 똑바로 걷지 못하고 어느 순간 원점에 돌아와 있을지도 모른다. 그런 일을 방지하기 위해서 주간, 월간, 분기간, 연간별로 적절한 평가를 할 필요가 있다. 우리나라는 대체로 중간 평가를 두려워하는 경향이 있다. 중간 평가는 말 그대로 목표에 이르기 전, 도중에 하는 평가다. 이것으로 당신의 모든 업적이 평가되는 것이 아니다. 조금 엇나갔을 때 고치기는 쉽지만 이미 많이 벌어진 뒤에 고치려고 하는 것은 그만큼의 시간도 에너지도 돈도 손해가 든다. 중간 평가에 좋지 못한 결과가 나왔다고 해서 자신을 비난하지 말라. 중간 평가를 중간 칭찬 데이로 만들어 스스로를 격려하고 진일보하도록 자신을 이끌어 가자. 모든 사람은 더 나은 미래를 원한다. 어떤 사람도 지금보다 더 불행한 미래를 꿈꾸지 않는다. 그렇다면 우리는 더 나은 미래를 맞이하기 위해 현재에 어떤 삶을 살아야 할까? 학생이라면 미래에 더 나은 사람이 되기 위해서 지금 공부를 한다. 이처럼 미래에 더 나은 삶을 살기 위해서 지금 끊임없이 공부하며 치열한 삶을 살아야 한다.

이것이 지금 우리에게 필요하다. 오늘은 다시 돌아오지 않고, 반복된다고 느껴지는 '절망적인 하루'는 사실 단 한 번밖에 살 수 없는 하루다. 오늘 손님이 없어서, 경기가 너무 어려워서, 절망에 빠져 있는 사람들이 있다. 그러나 절망하기에는 오늘이 너무 아깝다. 더 나아지기 위해서 해야 할 일들을 찾아보자. 매출이 좋은 곳들을 둘러보고 배울 점을 기록하고 당신의 업장에 적용해보자. 그것만으로도 새로운 시도가 되고 새 힘을 얻을 것이다. 아무것도 않고 맥 빠진 상태로 앉아 있는 하루가 계속해서 쌓이면, 1년 뒤 당신은 오늘을 이 순간을 어떻게 기억할 것인가. 1년 전의 자기에게 미안하지 않은 사람이 되길 바란다. 어제의 우리에게 더 미안한 삶을 살지 말도록 하자.

# 5

## 우선순위로 시간 절약하기

우리 주변에는 우리의 시간을 빼앗아가는 존재들이 많다. 그것이 가족일 수도 있고, 친구일 수도 있고, 여러 가지 상황과 환경일 수 있다. 특히 요식업의 경우 업장의 수익이라는 목표를 놓고 달려 나가는 사장님들에게는 목표를 방해하는 존재가 참 많다. 성공을 말하는 많은 사람들은 자신이 원하는 목표를 설정하는 것이 성공의 첫 번째고 그다음은 목표를 방해하는 것들을 찾아서 제거하라고 말한다. 성공으로 가는 모든 장애가 제거된다면 자연스레 성공으로 이어지게 될 것이기 때문이다. 우리의 성공 앞에 방해가 되는 요소들을 찾아보도록 하자.

1) 눈에 보이는 요소

크게 구분하자면 눈에 보이는 외적인 요소와 그렇지 않은 상황적·심리적 요소가 있을 수 있다. 우선 눈에 보이는 요소들이 우리의 시간을 빼앗는 것으로는 동선의 문제가 있다.

　동선의 문제는 제삼자의 입장에서는 문제가 잘 보이고 고칠 방향도 제시하기 쉽지만 스스로 진단하고 고치기는 쉽지 않다. 이미 익숙해져서 불편함을 감지하지 못하는 경우가 많기 때문이다. 컨설턴트가 방문해서 동선을 정리해주면 물론 쉽게 해결되지만, 그렇지 않으면 옆집 사장님을 초청해보거나, 이웃을 잠시 주방으로 초청해보고 동선에 관한 질문을 하는 것만으로도 좋은 결과물을 낳는다.

◎ 잘못된 동선에 익숙해져버린 J군

　S축산의 J군은 오늘도 사장에게 한소리를 듣는다. 발에 걸리는 것들을 치우지 않고 계속 넘어다녔다기 때문이다. 좁고 미끄러운 축산업장의 바닥은 고기 찌꺼기들이 끼기 쉬운 구조로 되어 있다. 자주 청소를 해주지만 많은 물량이 들어오고 나가는 시기에는 그럴 시간이 부족하다. 20~30kg이나 되는 고기 상자를 트럭에서 냉장고로 옮겨야 하는데, 바닥에 걸리는 다른 물건들 때문에 넘어지거나 이리저리 옮겨 다니느라 시간과 에너지를 허비하고 있다며 사장이 야단을 치는 것이다.

　J군도 일을 빨리 진행하려고 하다 보니 급한 마음에 무거운 상자를 옮기느라 정신이 없는데, 열심히 하려는 자신은 몰라주고 계속해서 다그치기만 하는 사장 때문에 속이 상한다. 사장의 말은 다음과 같다. 무거운 짐을 정리되지 않는 공간에서 옮기느라 몇 배나 더 힘들게 일하지 말고 먼저

주변을 정리하고 난 뒤에 무거운 상자를 더 효과적으로 옮기라는 것이다. 초등학생도 이해할 수 있는 이야기이지만 J군은 그 뒤로도 몇 번을 더 야단을 맞았다.

동선을 정리하는 법을 몸에 익히고 나면 그 구조가 너무 쉽게 보인다. 반면에 무엇이 어디에 있는지 기억하고 어지럽혀진 현재의 상태를 어떻게 정리할 것인지 생각하는 과정이 몸에 배어 있지 않고 의욕만 앞서서 주어진 임무를 수행하는 것에 빠져버리면 효과적으로 일하는 방법을 잊어버리고 만다. 무슨 일을 하기에 앞서 여유를 가지고 머릿속으로 커다란 그림을 그려 보자. 작은 규모의 업장에서 일하시는 초보 사장님들, 특히 요식업과 같이 효율적으로 몸을 움직여야 하는 분야를 처음 접하게 된 분들은 이 문제가 쉽지 않다는 것을 안다. 하지만 그럴수록 크게 숨을 들이쉬고, 업무의 우선순위를 만들 필요가 있다.

업무의 우선순위를 정하지 않으면 여러 가지 일이 한꺼번에 몰아닥치는 상황이 올 때 당황해서 허둥지둥하게 된다. 해결 방법은 동선을 정리하는 것과 동일하다. 첫 번째 법칙은 시간에 따라 처리하는 것이다. 먼저 발생한 일은 먼저 처리하고 나중에 발생한 일은 나중에 처리하는 방법이다. 재료가 들어오고 나가는 것, 창고나 냉장고에 내용물을 적재하는 법, 주문이 들어온 요리가 나가는 것들이 이에 속한다. 선입선출은 너무나도 당연하지만 급한 상황에서는 잊히기도 쉬운 게 첫 번째 법칙이다. 더 빠르게 일을 하려다 보니 순서를 어기고 일은 진행하는 경우가 생긴다. 기억할 수 있는 범위 내에서는 순서를 바꾸는 것이 효율적일지 모른다고 생각할 수 있다. 그러나 일이 몰려서 주문이 겹치고 정리해야 할 물건들이 쌓이게 될 때 우리가 평상심을 잃지 않고 기억을 하며 일을 하는 것은 어렵다. 바쁠 때일수록 선입선출의 법칙을 지키는 것이 시간과 효율을 살려주는 방법이다.

사람은 급하지 않은 시간을 더 낭비하는 경향이 있다. 특히 손님을 많이 기다리는 카페의 경우 손님이 많지 않고 대기하게 되는 시간이 길어지면 사장님이나 점원 역시 아무런 일도 하지 않고 스마트폰을 보며 시간을 보내는 경우를 종종 보게 된다. 바쁜 시간대가 되어 손님들이 많이 오게 되면 또 일이 바빠진다. 피크타임을 지나고 나면 누구나 지치고 힘이 빠지게 되어 있다. 그렇게 마감을 하고 퇴근을 하게 된다. 업무량은 많지 않은데 손님을 상대하느라 피로를 느끼는가, '중요하지만 급하지 않은 일'에 대해서 할 시간이 없다고 느껴지는가?

당신의 업장의 시간표를 만들어보자. 바쁘지 않은 시간에 해야 할 일들을 만들어 둘 필요가 있다. 카페든 식당이든 휴식을 하는 시간이나 손님을 맞이하는 시간을 제외하고도 남는 시간이 있다. 손질할 재료가 많은 식당은 보통 그 시간에 재료를 손질하곤 하지만 카페의 경우는 조금 다르다. 의욕적으로 무언가를 하는 것 같아 보이지만 확실히 손님이 없을 때의 점원이나 사장님들의 모습을 보면, '시간을 죽이고' 있는 모습을 발견하게 된다. 그럴 때는 무엇을 해야 할까?

우선 출근을 해서 한 차례 피크타임이 오기 전까지 청소하고 재료를 준비한다. 오후 손님들이 떠나고 저녁이 될 때까지 한 차례 비는 시간이 생긴다. 물론 계속해서 손님이 들어오는 카페라면 이야기가 다르지만 보통의 카페는 점심 손님이 가고 저녁이 되기까지 잠시 한산한 시간을 갖는다. 하루의 이 두 번의 시간을 잘 활용해야 한다. 쉬는 겸 리듬을 떨어뜨리면 우리는 피로를 풀 수 있다고 생각하지만, 리듬을 다시 올리는 데 어려움도 생기고 실제로는 피로가 풀리지 않는다.

이 시간에 해야 할 것들을 미리 정해둬라. 청소와 정돈, 설거지를 해도 좋다. 물론 그때그때 미리미리 하면 더 좋지만, 손님들이 한꺼번에 몰려왔다가 간다면 자연히 쌓일 수 있으므로 이런 시간에 그런 일을 해두면 좋다. 카페라면 라테아트를 연습해도 좋을 것이다. 자신의 실력을 키울 수 있는 시간이 바로 이 시간이다. 카페 운영이나 경기 동향에 대해 동영상을 보며 공부해도 좋다. 책을 보는 것도 좋다. 하지만 언제고 다시 일어나서 일을 할 수 있으려면 요즘 같은 스마트 시대에는 책보다는 유튜브를 이용해서 필요한 영상들을 보며 짤막하게 공부하는 것이 좋다.

무엇을 할지 정했다면 어떻게 실행할지 계획을 세워보자. 만약 당신이 라테아트를 배우고 연구하고 싶다면 과정을 정해 놔라. 일하는 날짜 중에 며칠간, 몇 시간을 이용하여 얼마 만에 그 과정을 완성할 것인지 목표를 세우자. 설령 그 목표를 달성하지 못할지라도 계획을 먼저 세워

두는 것이 중요하다. '1주일 안에 라테아트 모양 세 가지 섭렵하기'처럼 말이다. 실행하는 과정 중에 달성하는 시간이 늦어지거나 빨라질 수 있다. 계획이 엉성하다고 느껴서 아예 계획을 세우지 않는 사람들도 많이 보았는데, 엉망진창의 계획을 세우고 계속해서 수정해 나가는 게 아무런 계획 없는 것보다 훨씬 낫다는 것을 알아야 한다.

2) 눈에 보이지 않는 요소

사람은 누구나 적은 노력으로 많이 수확하고 싶어 한다. 이것은 잘못된 본능이 아니다. 누구나 그렇다. 일하는 현장에 있다 보면 적게 일하고 에너지를 아끼다가 일할 때 사용하고 싶어 하고 일하는 시간에 최대한 적은 에너지를 사용해서 퇴근 후에 자신의 삶을 더 풍요롭게 꾸미고 싶어 한다. 다시 한 번 말하지만, 이것이 잘못되었다고 말하는 것이 절대로 아니다. 다만 우리는 관점을 바꿀 필요가 있다.

일반적으로 사람들의 목표는 많은 돈을 벌어 조금 더 윤택하고 편안한 삶을 사는 것이다. 지금 우리의 에너지를 절약하면 조금의 이득을 볼 수 있을 뿐이지만, 에너지를 소모해서 소득의 구조를 바꿀 수 있다면 즉, 돈을 버는 시스템을 구축한다면 커다란 에너지를 아낄 수 있다. 작은 카페에서 조금 더 쉬려 하는 직원은 자신의 본능에 충실한 것이다. 하지만 이 직원이 나중에 자신의 카페를 차릴 생각을 가지고서 그 카페가 사장인 자신이 없어도 충분히 잘 돌아가는 시스템을 만들어 완전히 일로부터 자유로운 사람이 되는 것을 목표로 삼는다면, 그가 일하는 현재의 태도가 어떻게 바뀔까? 그는 무엇을 해야 더 좋아질 수 있을지 질문을 던지고 언젠가 답을 찾을 것이다. 삶의 관점이 바뀌는 것이다.

경제가 어렵고 손님이 없다. 누구도 주머니를 열지 않으려고 하고 모두가 소비를 줄인다. 지금의 한국의 현실이 그렇다고들 한다. 하지만 정말 그럴까? 매해마다 수입차를 사는 사람들은 계속 증가하고 있다. 해외여행을 가는 사람도 셀 수 없이 많다. 명절이면 고향으로 가는 고속도로가 아니라 공항으로 가는 고속도로가 막힌다고 할 정도다. 방송과 신문, SNS 등의 정보매체를 보면 서민이 부자가 된 경우들, 대박이 나서 늘 완판되는 상품들은 계속해서 쏟아져 나오고 있음을 알 수 있다. 그런데 왜 내 업장에는 손님이 없는 것일까?

여기에서 우리는 질문을 바꾸어야 한다. '어떻게 하면 손님이 나의 업장에 더 많이 들어올 수 있을까?'라고 말이다. 유튜브를 찾아보면, 서점에 가서 책을 찾아보면 그 안에 수많은 해답이 있다. 그런데도 우리는 답을 찾으려고 하기보다 앉아서 우는소리를 하는 때가 더 많지 않은가? 지금 당장 유튜브에 들어가서 그들의 이야기를 진지하게 들어보라. 서점과 도서관에 가서 성공한 요식업계의 사람들이 출판한 책들을 모조리 읽어봐라. 현재의 트렌드와 그들의 노하우가 차고 넘치게 담겨 있다. 그들의 이야기를 듣노라면 '나도 할 수 있다'는 에너지를 받을 수 있다. 우리가 지금 해야 할 일은 눈에 불을 켜고 그들의 성공비법을 듣고 나에게 맞도록 부지런히 적용해보는 것이다.

우리의 성공을 가로막는 수많은 요소를 제거한다면 우리는 성공할 수밖에 없다. 당신의 성공을 가로막는 것이 무엇인지 생각해보라. 고객이 오지 않는가? 맛이 부족한가? 경쟁업체가 생겨났는가? 어떤 상황이 오든 다음과 같은 질문을 던져라. '어떻게 하면 고객이 나의 업장에 방문하게 만들 수 있을까, 어떻게 하면 부족한 맛을 채울 수 있을까, 내가 얻을 수 있는 레시피가 없을까, 좋은 재료를 사용해보는 것은 어떤가, 경쟁업체와 나를 차별화 할 수 있는 방법은 무엇일까?' 이러한 질문에 바로 대답하는 것은 불가능하다. 그것이 가능하다면 당신은 고민도 하지 않고 바로 실행했을 것이고 성공에 다다랐을 것이다.

꾸준히 쉬지 말고 계속해서 당신에게 질문하라. 부지런히 대답을 줄 수 있을 법한 사람들을 만나고 그들에게 물어라. 하루아침에 얻을 수는 없지만, 이 질문을 포기하지 않는다면 당신은 결국 답을 얻을 것이다. 얻은 답이 실행하기 쉽지 않을 수도 있다. 그래도 포기하지 말아야 한다. 포기하지 않는다면 결국에는 당신이 원하는 답에 다다를 수 있다. 마침내 성공은 당신 앞에 놓여 있다. 현실에 매몰되어 목표를 잃어버리고 꿈을 포기하는 순간 우리의 성공도 사라지고 만다. 그러니 현실에 매몰되지 말고 꿈을 위해 힘차게 달리도록 하자.

# 6

## 시간이 지나도 기록은 남는다

 

시간 관리 방법에 대해 여러 가지를 알아보았다. 성공하기 위한 시간 관리는 딱 한 가지로 정해져 있지 않다. 우선은 자신이 어떻게 시간을 활용해 왔는지 돌아보고, 자신에게 맞는 방법을 하나씩 적용해 가자. 앞의 내용을 통해서 알게 되었던 내용이 업장을 운영하시는 사장님들이나 창업을 준비하시는 분들에게 도움이 되었으면 좋겠다. 그중에 가장 중요한 것은 시간에 대한 이해가 잘 되어 있는 것이다. 우리는 모두 수십 년간 시간 위에서 살아왔다. 시간은 언제나 같다고 말하고 또 그렇게 믿고 있지만 사용하는 사람에 따라 버려지는 시간과 힘든 시간이 될 수도 있고, 가치 있고 보람된 시간이 될 수도 있다.

시간에 대한 이해와 개념을 바꿔야 할 때가 온 것이다. 시간을 기록하는 많은 도구를 통해서 우리는 시간을 잘 컨트롤 할 수 있다. 프랭클린 플래너, 3p 바인더, 스케투 바인더 등을 사용하면서 어떻게 하면 좀 더 시간을 놓치지 않고 사용하고 그것들을 잘 기록해 두어서 활용할 수 있겠느냐는 고민을 늘 한쪽에 두고 살아야 한다.

시간 관리 도구들의 특징은 간단하다. 내가 사용했던 시간을 기록하고 앞으로 사용할 시간을 계획하는 것이다. 적는 방법은 도구마다 다르니 무어라고 정의할 수 없지만, 요즘 가장 많이 사용하는 방법은 줄 노트처럼 사용하는 것이다. 시간별로 무슨 일을 했는지, 어디로 이동했고 누구를 만났는지, 무엇을 먹고 얼마를 썼는지 같은 객관적 기록을 담을 수 있다. 그리고 그때마다 느꼈던 감정들을 간단하게 기록하는 것도 좋다. 특별했던 날이 있다면 표시를 해두고, 어떤 감정이었는지 적어두면 좋다. 하루를 정리하는 시간 혹은 시작하는 시간에 이 시간 관리 도구들을 쓰는 시간을 많이 갖는다. 마치 업장의 오픈이나 마감과 같은 의미일 것이다. 업장의 계산대에만 모든 것을 맡기지 말고 '나'라고 하는 기업을 운영한다고 생각해보고 시간 관리 도구를 쓴다면 좋을 것이다.

'스케투'라는 플래너를 직접 개발한 《플래너라면 스케투처럼》의 저자 이찬영 대표는 어떤 시간 관리 도구를 사용해도 괜찮다고 한다. 중요한 것은 종이에 적어도 좋고 스마트폰을 이용해도 좋으나 6개월 이상 습관을 들여야 그 사람이 기록하는 습관이 유지될 수 있다는 것이다. 만약 거래처와의 거래원장이나 지금 당장 손님들의 식사 주문을 엉터리로 받으면 그만큼의 손실이 온다는 것을 기억하고 다시 한 번 확인한 후 빠지는 내용이 없는지 꼼꼼하게 챙긴다. 우리는 우리가 사용하는 나만의 시간 관리 도구를 그만큼 꼼꼼하게 기록하지도 않고, 챙기지 않는다. 그 말은 '나의 시간'은 그만큼 누수되는 부분이 많다는 것이기도 하다. '내가 대기업 사장도 아닌데, 그렇게까지 할 필요가 있어?', '내 시간은 내가 아는데 그런 거 하지 않아도 충분히 시간이 없고 바빠, 그럴 시간에 다른 일을 할게'라고 많은 사장님이 거절하셨다.

그들의 시간 관리를 컨설팅하며 어느 정도 기간이 지난 뒤 어떻게 하루하루를 보내왔는지 돌아보았다. 그들 모두 시간을 낭비하며 효율이 낮은 작업 방식을 취하고 있음을 알 수 있었다. 자투리 시간을 쪼개서 무엇을 하는 것을 이야기하는 수준에서 그치는 것이 아니다. 거대한 '나'라는 기업이 분명한 목표와 방향성을 지니고 효율성을 가지고 적극적으로 일을 할 때 생존할 수 있고, 그걸 넘어서서 업계에서 좋은 성과를 유지할 수 있는 것이다.

시간 관리를 잘 해야 하는 이유는 당신의 목표를 이루기 위해서이다. 우리는 인생이라는 열차를 타고 목표라는 종착역에 가며, 인생은 시간이라는 레일 위에 있다. 우리는 이 시간이라는 레일을 잘 배치해야 그 결과 목표에 도달할 수 있는 것이다. 시간 관리는 사실 '지금도 하고 있는가'가 중요하다. 과거에 모든 것들을 기록해 두어서 지금도 유용한 자료로 쓰이고 있는 사람이 있다 하더라도 지금 시간을 관리하고 있지 않다면 머지않아 그 열차의 가는 길은 위태롭게 될 것이다.

당신의 어제는 어떠했는가? 당신의 지난주는 어떠했는가? 당신의 지난달은 어떠했는가? 당신의 작년은 어떠했는가? 나의 성장 그래프들도 시간 기록 도구를 통해 그릴 수 있고 나의 목표의 변화들도 시간 도구 안에 모두 기록되어 있다. 특히 그날의 특별했던 감정들 기억들은 삶의 목표를 설정하거나 변경하게 될 때 좋은 영양분이 된다. 왜 이 시점에 이런 결단을 하게 되었는지, 조금 더 신중해질 필요는 없었던 결정이었는지를 알아보려면 무엇이 필요할까?

바로 당신의 시간이다. 결혼이나 창업 등과 같이 커다란 인생의 전환기는 잊어버리기 어렵다. 우리 삶에는 커다란 몇 개의 사건 말고 하루에도 수십 가지 사건이 쉬지 않고 벌어지는데, 그 사건들의 결과물이 바로 오늘의 당신이다. 내가 지금 왜 이렇게 살게 되었는지 궁금하다면 당신이 지나온 시간을 돌아보라. 사람의 기억은 한계가 있고 심지어 왜곡도 벌어진다. 우리는 정확한 사실 있는 그대로를 기억하지 못한다. 시간은 이미 흘러갔고 우리의 기억은 왜곡되어서 진짜 상황을 알 수가 없다. 아름답게 기억하는 첫사랑이라면 왜곡되어도 상관없겠지만, 그것이 우리의 사업과 관련된 일들이었다면? 당연히 관련된 재무서류나 적어도 영수증 하나쯤은 발견할 수 있을 것이다. 시간이 기록되지 않아서 잃게 될 것들과 시간을 차근차근 기록하여서 얻게 될 것들을 비교해본다면 기록은 무조건 필요한 1순위의 행위가 되어야 한다.

기가 막힌 아이디어들이 떠올랐는데 머릿속에만 모셔두다가 어느 순간 잊어버리는 경우를 많이 본다. 기록의 이유는 '기억을 용이'하게 하기 위해서도 필요하지만, 그것을 성취해내기 위해서도 필요하다. '이루고 싶은 것들이 있다면 종이에 적어보라'라고 말하지 않던가, 머릿속에서 혼자만 생각하는 것보다 말하는 것이 훨씬 좋다. 그리고 말하는 것보다 종이에 적어두고 눈에 띄는 곳에 두며, 늘 생각하면 더 좋다. 우리의 아이디어를 쉬지 말고 기록하라. 시간은 아이디어를 주지만, 기록되지 않으면 신의 선물인 망각으로 깨끗하게 우리의 기억을 씻어준다.

시간을 관리하는 것은 우리를 잘 관리하는 것이다. 우리는 시간 위에 살고 있기 때문이다. 시간은 돌아오지 않기 때문에 '우선순위'가 생기게 된다. 시간과 에너지, 돈은 우리에게는 한정되어 있다. 한정된 것을 잘 사용하는 것. 그것이 아깝지 않게 인생을 사는 법이다. 디테일은 사람마다 다를 것이고 추구하는바, 사용하는 방법은 다를 테지만, 그들 모두 한정된 자원을 가지고 살아가며 최대한의 기쁨과 행복을 누리는 것을 목표로 할 것이다.

에너지나 돈은 사람마다 가진 양이 다르다. 체력이 좋은 사람도 있고, 악으로 버티는 사람도 있다. 정서적으로 안정된 사람은 사람들과의 관계를 잘 풀어간다. 외로움이나 수줍음이 많은 사람이 영업이나 서비스직을 맡는다는 것은 에너지를 많이 들이는 일이다. 창의적인 사고에 많은 에너지가 들어가는 사람이 있는가 하면 앉자마자 아이디어가 넘쳐나는 사람들이 있다. 에너지는 사람마다 모두 다르다. 돈 또한 마찬가지다. 하지만 시간은 누구에게나 공평하다. 억울할 수 없다. 그 시간을 아껴 잘 활용하면 다른 부족한 부분들을 그만큼 상충할 수 있다. 시간을 아끼고 다루는 방법은 모두가 알고 있고 너무 간단하다. 단, 계속해야 하고, 쉬지 않아야 한다. 한 달간 새벽 시간을 활용해서 운동이나 독서를 했더라도 한 달 뒤부터 하지 않는다면 효과는 다시 떨어진다. 우리는 성공하는 방법을 너무 잘 알고 있지만 실행은 하지 않는다.

누군가는 시간을 동전으로 환산해서 하루를 돈으로 바꾸어 생활하는 것들을 계산해보았다. 1초를 10원으로 친다면 우리는 12시 땡! 하는 순간 864,000원이 생기고 1초마다 그 돈이 10원씩 사라지는 것이다. 1초에 10원이라는 게 얼마만큼 크게 느껴지는가, 그런데 우리는 1분이면 600원을 10분이면 6천 원을 손에서 떠나보내게 되는 것이다. 더 가치 있고 소중한 것에 그 돈을 사용하고 싶어지게 된다. 이것이 바로 우선순위가 되고, 그 나열이 우리가 해야 할 일이 되는 것이다.

모든 것을 금액으로 줄 세워서 등수를 매긴다는 것은 정말 비인간적이다. 나도 그렇게 느낀다. 하지만 우리는 자본주의 사회에 살고 있고, 당신도 나도 돈을 벌기 위해 열심히 구슬땀을 흘리고 있는 것 아니겠는가. 그렇다고 한숨도 쉬지 말고, 화장실도 가지 말고 일하는 기계, 돈 버는 기계가 되는 것은 아니다. 단지 우리 손가락 사이로 줄줄 새고 있는 우리의 소중한 자원시간이 낭비되는 것은 철저히 막자는 것이다. 특히 요식업의 현장을 치열하고 뜨거우므로 피크타임과 그렇지 않은 시간대의 온도 차이가 크다. 당연히 그럴 수밖에 없지만, 완급을 조절해서 시간이 낭비되는 것을 막아야 한다.

이런 강의를 진행하다 보면 가끔 듣는 이야기가 있다. '숨이 막힌다'는 것이다. 1분 1초를 쪼개서 살고 시간이 참으로 중요하니깐 누수되는 시간 없게 10원짜리도 아끼듯 1초도 아끼면서 쉬지 말고 일만 하라니, 듣는 것만으로도 생각하는 것만으로도 숨이 막힌다는 것이다. 내가 지금까지 몰아붙인 시간에 관한 이야기는 내가 들어도 숨이 막힌다. 나 또한 그렇게 느낀다. 우리는 시간을 배치하는 방법을 잘 모르기 때문이다. 열심히 일하고 쉬었다가 다시 일하고 쉬었다가 일하는 시간을 보내고 쉬는 시간을 보내면서 업무와 생활에 균형을 가져야 한다. 요즘 흔히 말하는 워라밸working-life balance이 지켜져야 계속해서 일할 수 있다.

열심히, 쉬지 않고, 끊임없이 일하는 것은 사실상 불가능하다. 그런데도 우리가 시간을 숨이 막힌다는 느낌을 받아가면서까지 잘 다루어야 하는 이유는 다음 장에 이어지는 '목표' 때문이다. 시간 관리와 목표 관리는 떼려야 뗄 수 없는 분야이다. 무언가가 되고 싶거든 시간을 사용해야 하고, 무언가를 얻고 싶거든 시간을 사용해야 한다. 시간은 그런 존재다. 숨이 막힌다고 포기하지 말고 낭비하지도 말길 바란다. 나는 단지 이 글을 읽는 당신이 지금 멈추어 있지도 않길 바랄 뿐이다.

# 4장

# 목표 관리 :
## 삶의 목표를 명확하게

우리 중 약 95%의 사람은 자신의 인생 목표를
글로 기록한 적이 없다.
그러나 글로 기록한 적이 있는 5%의 사람들 중
95%가 자신의 목표를 성취했다.

— 존 맥스웰

# 방향을 정확하게 설정하라

시간 관리 도구에 대한 강의를 진행하고 계속된 점검을 진행하는 단
톡방채팅 애플리케이션 카카오톡의 단체 채팅 기능이 있다. 매일의 시간을 관리한 내용
을 사진을 찍어 올리고 자신의 일상을 알리는 공간인데, 가끔 이런 질
문이 올라온다.

"하루의 시간 관리는 잘하겠는데, 이걸 계속해서 해야 하나 싶기도
하고, 뭘 위해서 이걸 하고 있지 싶어요."

나도 시간 관리를 처음 배울 때 이런 궁금증이 생겼다. 의문이라기보
다는 불만에 가까운 것이었다. 바쁘고 시간이 없는 날에는 '이걸 왜 하
고 앉았지. 시간도 없는데'라는 생각이 드는 날도 많았고, 미루고 미루
어 잠들기 전에 억지로 기록하던 때도 많았다. 이런 날이 이어지면 기록

관리 슬럼프가 온다. 쉽게 말해 바인더에 기록하지 않는 날들이 늘어나는 것이다. 사람이라면 누구에게나 재미없는 일을 지속적으로 하는 것보다 아무것도 안 하는 게 더 쉽다.

이때 필요한 게 바로 '목표 관리'이다. 물론 처음부터 시작하면 좋지만, 시간이 없고 바로바로 결과를 원하시는 사람들은 이 과정을 견디기 어려워한다. '오늘 벌어 오늘 입에 풀칠하는데 무슨 목표야', '지금을 벗어나고 싶은 거지, 먼 미래는 내가 알아서 할게'라고 말씀하시는 사장님들을 많이 만났다. 그분들 중에 성실하신 분들은 목표 관리와 시간 관리 중 시간 관리를 먼저 선택하시고 정말 꾸준히 깔끔하게 본인의 노하우를 곁들여가며 시간 관리 도구를 사용하신다. 그리고 약속이나 한 것처럼, 일정 시간이 지나게 되면 위와 같은 상황을 누구나 맞닥뜨리게 된다.

우선 목표라는 것에 대해서 서로 간의 약속을 해둘 필요가 있다. 요즘은 아주 추상적이고 고차원적인 단어들이 무분별하게 돌아다닌다. 당신이 아는 게 틀리고 내가 아는 게 맞다는 이야기가 아니라, 이 동네에선 이렇게 설명하고 저 동네에선 저렇게 설명하다 보니 우리 안에서도 정리가 되어 있지 않은 것들이 바로 이런 '추상적인' 단어들이라는 것이다. 적어도 이 책을 읽는 분들과는 공통된 개념을 갖고 싶어서 내 생각들을 나눈다.

목표 : 쉽게 말해 '원하는 것'을 이야기한다. 구분 지어야 할 것은 목적과는 다른 의미라는 것이다. 목적은 최종의 도착지를 이야기하는 것이고 목표는 중간마다 서는 휴게소라고 볼 수 있다. 목표들을 이루어 가다 보면 어느새 목적을 달성하는 삶을 살게 된다. 목표는 중간 중간 수정이 가능하다. 우리가 고속도로에서 멈출 휴게소를 그때그때 바꾸는 경우도 흔한 것처럼 말이다.

목적지는 잘 바꾸지 않는다. 인생이라는 여정 중에 목적지를 자주 바꾼다면 길 위에서 휴가 기간을 다 사용하게 될지도 모른다. 부산을 갈지 목포를 갈지 강릉을 갈지는 출발하기 전에 선택해야 한다. 아직 어디로 갈지 정하지 못했다면 고속도로를 타기 전까지는 선택을 해야 한다. 나는 자기 관리에 대한 훈련들마인드 관리, 시간 관리, 목표 관리이 익숙하게 되는 시점까지를 고속도로를 타는 과정이라고 생각한다.

목적 : 목표보다는 조금 더 근본적인 내용이 담겨 있다. 목적은 훌륭한 사람, 존경받는 사람, 지식이 탁월한 사람과 같이 추상적인 내용이 담긴다. 이 목적을 달성하기 위해 각자 나름의 목표를 만들어 가는 것이다. 훌륭한 사람이 되는 것이 목적인 사람은 돈을 많이 벌 수도 있고, 많은 개수의 회사를 세울 수도 있고, 정치나 외교에 뛰어들 수도 있다. 이것들이 그의 목표가 될 것이다. 존경받는 사람이 목적이라면 존경을 받을 법한 일을 하는 사람이 되어야 한다. 어려운 이웃을 돕는 법인을 건설하고, 모금사업에 동참하고, 희망을 잃은 사람들을 재활시키는 훈

련에 뛰어든다면 그는 누군가로부터 존경을 받는 사람이 될 것이다. 지식이 탁월한 사람이 목적이라면 자신이 원하는 분야에서 학위를 받고, 논문을 쓰고, 책을 쓰면 그 방면의 지식에 탁월한 사람이 될 것이다. 목적은 목표보다 큰 규모이기 때문에 정할 때 충분히 생각하고 결정할 필요가 있다.

이 책에서 정의하는 목표는 '내가 원하는 것'이다. 당신이 원하는 것을 20개만 적어보자. 돈을 많이 벌기를 원하는가? 그렇다면 얼마나 벌기 원하는지도 생각해보자. 월 매출 1억 원이면 당신이 원하는 바를 채울 수 있는가? 그 외에는 어떤 것을 원하는지도 생각해보자. 건강하기를 원한다면 어떠한 건강상태를 유지하기 원하는가? 좋은 몸매를 갖기, 비만이나 관절의 고통에서 벗어나길 원하는가? 그것들을 적어라. 시간의 여유를 갖고 싶은가? 시간의 여유가 생기면 무엇을 하고 싶은가? 세계를 여행하고 싶은가? 무엇을 갖고 싶은가? 자동차, 집, 가방, 옷 어떤 브랜드의 어떤 모델을 갖고 싶은가? 이런 것들을 생각해보고 적으라고 하면 너무 배금주의<sub>돈을 숭상하는 주의</sub>에 빠지는 것처럼 보인다며 자기 생각을 감춘다. 대신 이 정도면 만족한다고 하며 아주 소박한 것들을 적는다. 나는 당신의 욕망을 들여다보고 그것을 지적하려는 게 아니다. 왜 우리 자녀들에게는 '큰 꿈'을 꾸라고 말하면서 정작 본인은 소박한 마음을 유지하는가. 지금 당장 이루라고 하는 것이 아니니까 꿈꾸는 것을 적어라. 이루지 못할 꿈같은 이야기들을 적어도 된다.

　20, 30대들이 적는 내용을 보면 처음에 어려운 현실을 탈피하는 내용을 적는다. 많은 돈(사실 액수를 보면 자신이 버는 것에서 아주 조금 보태진 수준이다), 좋은 집과 자동차, 그리고 여행을 적는다. 전 세계 방방곡곡을 여행하고 싶단다(내가 본 가장 특별한 장소는 내가 적은 알래스카였다). '당신이 적은 꿈이 이루어지면 무엇을 하겠는가?'라고 물어보면 다들 펜을 멈춘다. 우리의 꿈과 목표는 이 정도에서 멈추어져 있다는 것을 알 수 있다. 탓하는 것이 아니다. 현실이 우리를 쪼그라들게 했다는 것이다. 우리의 정신은 이 현실에서 벗어날 필요가 있다.

　몇몇 사람들은 이제는 누군가를 돕고 싶다는 이야기를 한다. 재정, 봉사, 교육을 통해 낙후된 지역의 사람들에게 자신이 가진 것들로 돕고 싶어 한다. 아주 좋다. 그러고 나면 무엇을 하고 싶은가? 이런 질문을 하고 나면 모두가 멈춘다. 이것이면 모두가 만족하는 수준인 셈이다. '그렇게 살면 늙을 것 같은데요?', '이것만으로도 벅차요'라고 말하는 사람들이 많다. 그러나 대한민국의 평균 수명과 은퇴 이후의 삶을 가만히 들여다보면 아직 시간이 많다는 것을 발견할 수 있다. 60이 되어서 새로운 것을 배우고, 70이 되어도 새로운 일을 찾을 수 있다. 우리의 인생은 그만큼 길고 점점 더 건강한 노년을 오랫동안 지내게 되도록 변화하고 있다.

　타인을 돕는 행위에서 더 나아가는 사람들을 보면 미를 추구하는 사람들을 보았다. 예술을 시작한다. 펜을 들고 음악을 만든다. 시를 쓰고 글을 쓴다. 캔버스에 그림을 그리기 시작한다. '창작 행위'를 하는 것이다. 그림을 배우지 않았더라도, 시와 소설을 배우지 않았더라도 본능적으로 그리고 쓴다. 10년만 취미로 계속하다 보면 어느새 준전문가 수준에 이르는 분들을 보았다. 적지 않은 분들이 보이지 않는 곳에서 자신의 창작물들을 만들고 있다. 이보다 더 나아가는 사람들은 진리를 추구한다. 종교에 귀의하기도 하고, 자신의 마음을 수련하고, 신선처럼 사는 사람들이 생겨난다. 속세와 인연을 끊고 산으로 들어가는 사람도 있고, 일상에서 명상하며 남들과는 다른 모습으로 살아가는 사람들도 있다.

다수의 사람들은 남을 돕는 행위에서 자신의 만족 극대치를 느끼는 것으로 보인다. 당신은 어떠한가? 당신은 어느 수준까지를 추구하고 싶은가? 많은 돈을 버는 것으로 만족하는 사람도 있을 것이고, 그것을 충분히 누리는 것을 살기 원하는 사람이 있을 것이다. 남을 돕는 사람이 되어서 사람을 키우고 싶은가? 예술을 창작하고 싶은가? 진리를 추구하며 속세의 차원을 넘어선 사람으로 살고 싶은가? 어디까지 설정하든 상관이 없다. 당신에게는 목표가 필요하다. 목표를 설정하지 않고 알 수 없는 노력만 하는 것보다 어떠한 목표라도 갖는 편이 훨씬 좋다. 위에서 말한 단계가 아니어도 좋다. 무엇이 되었든 목표를 가져라.

한때 버킷리스트가 많이 유행하던 시기가 있었다. 원하는 것을 적어라, 그러하면 이루어질 것이다. 이것은 목표를 글로 적는 것을 의미한다.

수십, 수백 개의 버킷리스트를 적으면서 그것을 수립하는 것은 목표를 세우고, 목표대로의 삶을 사는 것을 의미한다. 당신이 가고자 하는 목적지를 정하고 그 중간에 쉴 휴게소들을 정하자. 이것이 너무 어려운가? 해보지 않아서 어떻게 해야 할지 모르겠는가? 그렇다면 다음 장에서 나오는 목표 수립 방법들을 활용해보자.

# 2

## 삶의 종착점을 선명하게 그려라

'당신의 삶이 목적은 무엇인가?' 라고 물으면 한마디로 정리해서 답할 수 있는 사람이 별로 없다. 삶의 목적을 말로 쉽게 설명하는 것이 매우 어렵기 때문이다. 그렇다면 다른 질문을 던져 보겠다. '오늘 당장 해야 할 일을 무엇인가?' 백수가 아닌 이상, 당신이 직장인이든 자영업자이든 당신의 할 일은 비교적 명확하다. 아주 쉽다.

이 차이는 무엇일까? 내 평생의 삶의 목적은 도저히 모르겠는데, 오늘의 할 일은 분명하다. '인생을 다 살아보면 그 인생의 목적을 알 수 있다'고 말하는 사람도 있다. 삶의 방향성이 분명한 사람은 자신이 가져가야 할 것과 버려야 할 것이 명확하다. 함께할 사람과 그렇지 않은 사람이 명확하다. 모든 것이 불분명한 세상에서 이 정도의 분명함이라도 있어야 무거운 삶을 조금이라도 가볍게 하지 않겠는가? 지금부터 삶의 목적을 찾아가는 여행을 해보도록 하자.

삶의 목적을 찾는 것은 울창한 숲속에서 나침반을 가지고 있는 것과 같다. 울창한 숲속에서 나침반이 없으면 우리가 원하는 방향으로 출구를 찾지 못하고 전혀 다른 방향으로 나오기도 한다. 밖으로 나오기만 하면 다행일까, 어쩌면 같은 자리에서 뱅뱅 돌기만 하다 지칠 수도 있다. 당신의 인생은 어떠한가, 어떻게 어려움을 뚫고 나오긴 했는데, 당신이 바라고 그린 인생과 전혀 다른 방향인가? 아니면 아직도 같은 자리를 돌면서 '방향성을 잃은 삶'을 살고 있는가? 당신에게는 나침반이 필요하다. 인생의 나침반, '목적'이 필요한 것이다.

목적은 거창하다. 추상적이고 무슨 말인지 한눈에 들어오지 않는 게 정상이다. 누구에게 보여줄 것이 아니므로 당신만 알고 있으면 된다. 대신 자신은 분명히 무엇을 말하는지 알아야 한다. 시간 관리 도구를 보면 대다수 상품은 앞에 비전과 미션들을 적는 칸들이 있다. 비전은 목표, 미션은 목적으로 바꿔 생각하면 어렵지 않다.

이 방법은 기록과미래연구소의 이찬영 대표가 사용하는 비전선언문을 빌려 왔다. 나의 매일을 잘 들여다보고 그곳에서 나의 목적을 찾을 수 있다는 것이 시작점이다.

◎ 비전선언문

1) 자신이 하고 있는, 그리고 해왔던 경험들을 적어보자. 아르바이트, 봉사활동, 취미, 직장, 자영업 등을 모두 적고 그 분야에서 이루었던 성과들

을 써본다. 예를 들면, 카페 아르바이트라고 적었다면, 커피를 만드는 레시피, 매장 관리 기술 등을 얻었을 수 있다. 무료 과외 봉사활동을 해왔다면, 교육법, 커리큘럼 제작 등의 기술을 얻었다고 적을 수 있다. 독서토론모임을 취미로 해왔다면 도서 선정, 커뮤니케이션 능력 등을 얻었다고 적을 수 있다. 영업 분야의 직업을 가졌더라면, 시장 개척 능력, 영업 능력 등을 얻었을 것이다. 다 적었다면 다음으로, 직무들에 대한 호감도를 적어본다. 낮은 부분은 1부터 높았던 부분을 5까지로 적어보고 어떤 일을 할 때 더 즐거웠는가를 판단해본다.

2) 자신이 최근 들어 주기적으로 하는 것 세 가지를 적어보자. 매일 하는 것도 좋고, 주기적으로 하는 것도 좋다. 생산적인 활동을 적는다. 매일 글쓰기를 하고 있는가? 매일 운동을 하고 있는가? 매일 하는 업무가 조금은 남다른 특별한 업무인가? 하는 것 등을 적자.

3) 자신의 강점과 약점을 분석하도록 한다. SWOT 분석과 비슷하지만 그렇게까지 복잡하게 적지 않는다.

① 강점Strength: 나의 강점과 내가 잘하는 것을 적어보자. 여기에도 소비적이거나 유흥의 것들은 지양하고, 생산적이고 나눌 수 있는 것들을 적는다. 누군가를 잘 가르치는가, 남을 잘 위로하는가? 손재주가 좋은가? 기계를 잘 다루는가? 컴퓨터나 프로그램 등을 잘 만지는가? 운전을 잘하는가? 음식을 잘하는가? 사람들과 싹싹하게 잘 지내는가? 그 밖에도 적을 수 있는 것들이 많이 있다.

② 좋아하는 것Liking: 내가 좋아하고 희망하는 것을 적어보자. 여행을 하거나 공부하기를 사람들을 만나는 것을 좋아하는가? 혼자서 오롯이 일하는 것을 좋아하는가? 여러 사람과 이견을 조율하며 일하는 것을 좋아하는가? 내가 생각지 못했던 것들을 계속해서 적자.

③ 약점Weakness: 나의 약점과 약한 부분을 적어보자. 끈기가 부족한가? 서둘러서 일을 하다 실수를 자주 하는 편인가? 모르는 사람들과 처음 만나는 것이 어색한가? 분위기를 주도하는 것을 잘 못 하는가? 남의 말을 끝까지 들어주는 것에 약한가? 한자리에 앉아서 오랫동안 일하는 것에 금세 실증을 느끼는가? 사람은 타인의 약점은 잘 찾아도 정작 자신의 약점을 잘 알지 못한다. 차분히 생각해보고 적자.

④ 싫어하는 것Disliking: 내가 싫어하는 것을 적어보자. 비난을 받는 것, 육체적으로 피로를 느끼며 일하는 것, 정신적인 피로를 느끼는 것, 밖에서 일하는 것, 돌아다니며 일하는 것, 한자리에서 종일 일하는 것, 사람을 상대하는 것, 사람을 상대하지 않는 것 등이 있을 수 있다.

4) 위의 것들을 종합했을 때 나는 어떤 기회를 만들어낼 수 있을지 생각해본다. 일반적으로 강점과 좋아하는 것을 정리해서 문장으로 만들어보면 도출하기 쉽다. 문장을 만드는 부분부터 많은 사람이 어려워한다. 대략 강점잘하는 것을 통하여 좋아하는 것을 하는 사람이 될 수 있다고 쓰면 좋다. 이렇게 한 문장으로 쓰면 그 문장이 설명하는 대략의 일이 정해진다. 여기에서 중요한 것은 자기 자신만을 위해서 쓰기보다는 타인과 사회를

위한 것들로 관점을 바꿔서 쓰는 것을 추천하는 바이다. 앞장에서도 이야기했지만, 돈을 벌고 누리는 것의 수준보다 다음 단계의 수준은 누군가에게 무언가를 베푸는 삶이었다. 교육과 봉사 차원의 일들을 말하는 것이다. 자산이 만들어낼 기회들도 그 정도 차원의 문장이 되는 것을 추천한다.

여기까지 작성을 마무리했으면 '내 인생의 목적'을 만들어본다. 다른 시간 관리 도구의 비전선언문이라고 생각하면 된다. 우선 첫째로 '내가 만들어낼 기회들'에 이전에 작성한 마지막 문장을 옮겨 적는다. 옮겨 적으면서 조금 더 명확하고 단순한 문장으로 만들면 더 좋다. 단순한 문장은 강력한 힘을 지녔기 때문이다. 첫 번째로 '어떤 일을 통해'의 칸에 자신이 할 수 있는, 하고 싶은 것들을 적어 넣는다. 처음에 적을 때는 많은 종류의 사업 아이템이 생각나지 않을 수 있다. 한 가지를 적더라도 틈틈이 다시 보며 종류들을 늘려 가는 것도 좋다. 내가 생각보다 많은 일에 관심이 있고 능력이 있다는 것을 알 수 있게 된다.

두 번째로 '어떤 성과'를 내서의 칸을 채워본다. 내가 하는 사업이나 일이 어떤 효과를 내기 원하는가, 누구에게 효과를 내기 원하는가? 이 역시 처음에는 생각나는 대로 적는다. 중요한 것은 너무 늦지 않게 칸을 채우는 것이다. 여기에서 시간이 걸리게 되면 너무 신중해져서 많은 시간을 소비하게 되고, 그로 인해 전체의 양식을 채우는 데 부담감을 느끼게 된다. 단 한 가지를 적더라도 빠르게 생각해서 적어보자.

셋째 칸에 '인류와 사회의 어떠한 유익'을 주겠다고 적어보자. 삶의 목적이 자기 자신의 이익으로 끝나지 않도록 하는 게 중요하다고 계속해서 말해 왔다. 당신도 사람들에게 유익을 주는 일을 적어보라. 자세히 적되, 당신의 일과 사업이 잘 성사되었을 때의 미래의 모습을 최대한 생생하게 상상하여 그 모습을 적어보도록 하자. 당신 삶의 목적의 끝에 벌어진 모습을 기대하라. 좋은 문장으로 적힌 삶의 목적을 지닌 사람은 그렇지 않은 사람보다 그 목적을 이룰 확률이 매우 높다는 것을 기억하자.

'내 인생의 목적' 2단계는 한 문장으로 연결하는 것이다. 위의 내용을 조금씩 수정하여 한 문장으로 만들도록 한다. 평소에 글쓰기와 먼 삶을 살아온 사람들은 여기에서도 많이 어려워한다. 자신을 탓하지 않아도 된다. 이러한 일을 자주 해온 사람들도 여전히 많이 고민하고 생각한다. 목적장기 **목표** 칸에 문장을 잘 정리해서 넣어보라.

10년 이후에 완성될 당신이라는 인생 여행의 종착점을 적는 것이다. 투박하고 말이 되지 않아 보이는 생각이라도 적지 않는 것보다는 적는 것이 훨씬 좋다. 컴퓨터로 쓰는 것보다 직접 손으로 쓰는 것을 추천한다. 손으로 쓴 자기 인생의 목적을 보면 목표를 이루기 위한 동기부여가 될 것이다. 오랜 시간이 지났을 때, 당신이 목표로 삼은 삶과 현재의 삶을 비교해 보고 다시금 힘을 얻을 수도 있다. 그 뒤에는 단기 목표에 올해 안에 이루어갈 목표들을 생각해보고 적는다. 올해 안에 해야 할 항

목들이기 때문에 구체적이고 해낼 수 있는 것들을 적는다. 목표를 직는
방법은 스마트SMART하게 하라고 시간 관리에서 잠깐 언급했었다.

여기에서 스마트란 ① 구체적이고Specific, ② 측정 가능하며Measurable,
③ 달성 가능하여야 하고Achievable, ④ 결과 지향적인 목표이고Relevant,
⑤ 달성 시기가 뚜렷해야 함Timely을 의미한다. 1년 안에 이룰 수 있는
달성 가능한 목표를 구체적으로 적자. '인생의 목적'에서 벗어나지 않
도록, 인생의 목적을 돕는 목표가 되도록 생각해보며 적어라. 앞에서도
이야기했듯, 목적지로 가기까지 위한 휴게소가 목표라고 할 수 있다. 당
신이 의미부여 하는 강도가 강할수록 목표를 달성하는 데에 강한 에너
지가 실린다는 것을 명심하라.

마지막으로 중기 목표를 작성해보자. 5년간 이루어낼 당신의 과정이
다. 내가 어떤 과정을 거치며 성장하고 성숙해져 갈지 상상하며 적어보
도록 한다.

목적과 목표를 완성된 문장으로 가지고 있다는 것은 내가 누구인지
무엇을 추구하는지 분명하게 알게 해준다. 나의 정체성을 분명하게 해
주는 것이다. 10대와 20대에게만 필요하고 나머지 분들에게는 상관없
는 이야기로 들리는가? 이찬영 대표는 50대의 나이에도 6개월에 한 번
씩 새로 적는다고 한다. 그렇게 오랜 세월 동안 수정 반복한 결과 자신
이 가야 할 길과 원하는 것을 분명히 알았고, 지치지 않는 힘을 얻었다
고 이야기한다. 자신이 어디로 갈지 무슨 일을 할지 모르는 사람이 있다

면 앞의 방법을 그대로 따라해보자. 목표를 생각해보고 적다보면 당신이 남은 일생 동안 해야 할 사업들의 방향이 점점 선명하게 보이기 시작할 것이다.

# 3

## 목적을 이룰 계획을 쓰고, 읽고, 반복하자

　자신의 목적을 찾고 목표를 세웠다면 그것을 실행하기 위한 계획을 짜야 한다. 계획표를 어떻게 만들고 꾸준히 실행하는 방법에 대해 알아보자.

　1) 먼저 비전을 성취하기 위해 내가 지켜야 할 가치를 생각해본다. 상징적인 단어들이 쓰일 것이다. 이타적인 삶, 교육하는 사람, 성장을 추구, 확장되는 사람, 관계성에 중심을 두는 삶, 새로운 문화를 접하는 것을 즐기는 삶 등의 문구가 쓰일 수 있다. 여기에 쓰이는 문구는 당신이 삶에서 목적을 이루는 데 중요하게 생각하는 가치들이다. 눈앞의 일들이나 자기 자신만을 위한 부분들이 생각난다면 조금만 각도를 바꾸어 생각해보자. 인생의 종착역에 이르는 데 중요한 가치, 타인과 사회, 어쩌면 전체 인류를 위하여 당신이 선택한 가치는 무엇인가. 신속히 적고 계속해서 추가하는 것이 좋다.

2) 당신의 목적을 이루기 위해 매일 반복해야 할 행동 2~3가지를 적어보자. 지식을 습득하고 재생산하는 것도 있을 수 있다. 건강을 지키기 위해서 당신의 체력과 몸매를 유지하는 것도 있다. 사람을 만나서 이야기를 들어주고 공감해주는 것도 좋다. 생각이 나는 대로 적어보자.

3) 목적을 이루기 위해 매일 해야 하는 행동 계획을 작성한다. 아래의 표를 작성할 때 가장 중요한 것은 균형감 있게 하는 것이다. 이것은 하루에 꼭 이루어야 하는 일일 행동 목표가 된다.

| 분야 | 목표 | 행동 항목 | 시간 계획 | 평가 (6개월 뒤) |
|---|---|---|---|---|
| 일 | 고객사 개발 자료 개발 화술 훈련 | 영업 자료제작 촬영 후 편집하며 피드백 | 수시로 오전 근무시간 오후 근무시간 | |
| 가족 | 부모님과 함께 많은 시간 보내기 | 집에서 저녁식사 하기 | 18:00 퇴근 21:00까지 집에서 시간 보내기 | |
| 친구 (인간관계) | 영향력 있는 사람으로 남기 | 모임에는 성실히 나를 필요로 하는 상황에는 친절히 | | |
| 나 (자기 계발) | 지식 개발 많은 문화 접하기 약점 보완 체력 유지 | 독서, 글쓰기 여행 바인더 기록 운동 | 하루 1편 글쓰기 분기별 1회 여행 매일 바인더 주 5회 운동 | |

채워 넣은 항목들은 나의 것들을 몇 가지 예시로 적어보았다. 평가는 6개월 뒤에 기록하면 된다. 점수의 방식도 좋고, 학점과 같은 방법도 좋다. 한 문장으로 간단히 나를 평가해주면 완료된다.

목표에 적은 수많은 항목 중에 네 가지나 여섯 가지 정도는 자신의 시간 관리 도구에 직접 기록하며 실행 사항을 관리하도록 습관을 들이면 좋다. 매일같이 하는 항목들을 계속해서 실행하게 되면 당신의 1년 차 단기 목표를 달성하는 데 큰 도움을 줄 것이다. 앞의 표까지 완성되어 당신의 시간 관리 도구에 잘 옮겨 적는다면 '내 인생의 목적'을 어느 정도 눈으로 확인할 수 있게 될 것이다. 6개월 혹은 1년에 한 번씩 갱신하면서 내가 어떤 길을 걸어왔고 무엇을 진정으로 원하는가를 아는 데 큰 도움이 된다. 이제는 더 이상 내가 무엇을 원하는지 모르겠다는 말을 하지 않기를 바란다. 사실 당신의 내면에는 강렬히 원하는 '당신의 목적'이 존재한다. 그것을 알아가는 시간이 되길 바란다. 처음에 이것들을 작성하는 데 집중해서 꼭 다 채우는 것이 중요하다.

당신이 시간을 관리하는 사람들과 모임을 하고 있다면 더 좋다. 자기 삶의 목적과 단기적인 목표들을 누군가에게 잘 설명하고 나누는 것으로도 벌써 당신의 목표를 향해 인생을 출발하게 만든다. 게다가 다른 사람의 인생 목적과 목표하는 바를 듣는 것은 자기 자신에게 커다란 도전을 준다. 나 또한 모임에서 다른 사람들의 이야기를 들으며 첨가하거나 수정하게 된 항목이 많다. 듣기에 좋은 것은 추가하고 말을 하면서 꼬이거나 어색한 부분들이 있다면 수정하도록 하자.

우리 삶이 대기업의 전략운용실처럼 복잡하거나 커다란 규모의 예산을 집행하는 게 아닌데, 꼭 저렇게까지 표를 만들고 사람들과 이야기를 나누어야 할까? 그럴 시간에 손님을 더 상대하고 음식을 더 만들겠다고 말씀하시는 사장님들도 있었다. 이 글을 읽는 당신은 어떤 대답을 하겠는가? '내용은 좋지만 난 다음에 하겠네'라고 말하며 뒤돌아설 것인가, 아니면 지금은 변화를 위해 한 걸음 내딛을 것인가.

저 표를 작성하는 순간, 인생은 바뀌기 시작한다. 자신의 인생 목적을 이야기해주고 목표를 다잡는 순간 사람은 변한다. 물론, 잊어버리고 다시 현실로 돌아가 버리면 그냥 즐거웠던 하루로 끝날 수도 있다. 아무것도 변하지 않은 것처럼 보여도 당신의 내면에서는 목적에 대한 변화의 욕구가 시작되었다. 눈을 뜨면 그것을 그리워하게 될 것이다. '천릿길도 한 걸음부터'라고 하지 않는가? 훗날, 성공의 자리에서 다시 만날 때, "'나 자신의 욕구, 내 인생의 목적'을 발견하고 멈추지 않고 따라왔더니 어느새 이 자리더라"라는 멋진 말을 해주길 바란다. 로또를 맞아서, 유행인 아이템이 대박이 나서, 땅값이 올라서 부자가 되고 성공을 했다는 스토리는 얼마나 가벼워 보이는가. 물론 그 안에 뼈를 깎는 노력과 시기를 읽는 초월적인 감각도 필요할 것이다. '가만히 앉아 있었더니 부자가 되었더라'라고 말하는 사람은 본 적이 없다.

'인생의 목적'을 작성하다 보면 지금 내가 생각하는 성공과는 조금 다르게 적힌다. 처음부터 '타인과 사회와 인류를 위하여'라는 방향성을 가졌기 때문이다. 나도 그랬고, 지금 내가 만나본 많은 사장님과 청년들은 '지금', '여기'에서 변화되는 것을 원한다. 벌이가 나아지길 원하고, 안정된 직장을 얻기 원하고, 좋은 배우자를 만나길 원한다.

목표 관리는 내가 원하는 것을 뚝딱 하고 만들어내는 '도깨비방망이'가 아니다. 오히려 반대로 나를 '더 나은 사람'으로 만들어 가는 첫 번째 단련 과정이라고 볼 수 있다. 그 과정 중에 부자가 되는 사람도 있고, 좋은 직장과 안정된 사업을 하게 될 수도 있으며, 좋은 배우자와 가족을 꾸릴 수도 있을 수 있다. 이런 사항들은 과정이고 그 과정들을 통해 우리는 타인과 사회와 인류를 위하여 일하는 어떠한 사람이 되어 있을 것이다. 그런 사람이 되기 위해 달려가고 있을 것이다. 목적과 목표를 찾는 과정은 관점을 바꾸어주는 훈련을 하는 것이다.

예전의 내가 그랬다. 시간 관리 도구를 처음 사용하면서 있었던 인생의 목적을 작성하는 공간에 원하는 월급과 갖고 싶은 자동차를 적었다. 돈을 벌고 차를 바꾸기 위해서 열심히 일했는데, 생각대로 잘 안 되었다. 이내 나는 포기해버렸다. 그렇게 개인의 영달만을 위해 살다 보니 고비가 찾아왔다. 회사를 이직하고 직업을 여러 번 바꾸면서도 이런 마음은 달라지지 않았다.

처음 내 상황을 본 친구들은 내 환경이나 직장 상사를 탓했었다. 나와 어울리지 않는 직업, 나를 못살게 구는 직장 상사 때문에 내가 이렇게 못 나가는 거지 기회를 잡는다면 나는 충분히 능력이 있으니깐, 잘할 거라고 격려해주었다. 처음에는 위로가 되었다. 그러나 몇 번의 반복이 이어지자, 친구들의 이야기도 듣고 싶지 않았다. 한 번은 이직을 준비하며 회사에서의 생활을 마무리하고 있었는데, 상사와의 커다란 마찰이 생겼다. 이유는 늘 그렇듯 별문제 아니었지만, 내가 회사를 옮기리라는 것을 이미 모두가 알고 있는 상태였기에 더 미운털이 박혀 있었나 보다.

싫은 소리를 엄청 듣고 퇴근하면서 펑펑 울었다. 위로를 받고 싶은 마음에 친구에게 전화해서 사정을 이야기했다. 그런데 그 친구는 "계속해서 같은 상황에 몰리고 있는 거라면, 그건 너에게 문제가 있는 거 아냐?"라고 나지막이 말했다. 눈물이 쏙 들어가고, 나는 말이 없어졌다. 쥐구멍에 숨고 싶었다. 나의 내면에서 계속해서 말하던 것이 바로 그것이었기 때문이다.

에둘러 통화를 마무리하고 나는 문득 시간 관리 도구를 찾아보았다. 내가 얼마나 열심히 살았는지, 내가 얼마나 많은 책을 읽었는지, 내가 사람들을 만나며 얼마나 좋은 이야기를 해주는지 찾아보고 나 자신을 정당화시키려고 했는지 모르겠다. 그때 떠오른 생각이 있었다. '나는 도대체 무얼 좋아하지? 어떤 것을 하기 원하고 무엇이 되기 원하지?'였다. 원하는 월급도 있었고, 원하는 자동차도 있었다. 그런데 그것은 과정이었다. 100만 원을 목표로 삼았다면 100만 원을 번 순간 200만 원을 원하게 된다. 그렇게 나는 얼마까지 원하는 사람이 될까? 경차를 갖게 되면 준중형차를 갖고 싶을 것이고 중형차, 외제 차 등 더 좋은 것을 원하게 될 것이다. 나는 무엇까지 원하게 될까?

이렇게 살면서 내가 원하는 것을 얻지 못하는 이유가 무엇일까? 스스로 이 질문을 하고 나자, 몇몇 책들이 생각났다. 목표를 설정하는 법, 인생에서의 목적을 세우는 법에 관한 책들이었다. 많이 읽었고 이미 내용을 충분히 알고 있었지만 나에게 의미 있는 적용을 하지 못했다. 그날 밤, 나는 바뀌었다. 아주 조금 삶의 방향이 각도를 틀었을 뿐이지만 분명히 변했다.

그 뒤로도 많은 이직을 경험했다. 하지만 나의 반응은 이전과 달랐다. 크게 흔들리지 않았다. 흔들림이 올 때마다 나 스스로에게 물었다. '그래서 지금 내가 원하는 건 뭐지? 어디에 도달하고 싶은 거지? 내 궁극의 목적은 무엇이고, 지금의 상황이 무슨 영향을 미치는 것이지?' 질문을 하면서 답을 얻어갈 때면 나 스스로가 나아지는 것을 느꼈다. 아직도 나는 수정 중이고 아직도 흔들린다. 하지만 내 인생의 목적이 없을 때와 같이 흔들리지는 않는다. 이제는 나는 나를 스스로 안정시킬 줄 안다.

당신도 당신 '인생의 목적'을 찾길 바란다. 그걸 이정표 삼아 달리는 인생의 여행을 하길 바란다.

# 4

## 사업의 가치와 의미를 어디에 둘 것인가

앞서 개인의 목적에 대한 것들을 다루어 보는 시간을 가졌다. 이제는 당신의 사업장의 목적을 가져보도록 하자. '사람의 인생의 목적을 정하는 것도 이렇게 어려운데, 사업장의 목적을 가지라고? 그리고 이건 내 사업의 일부잖아. 뭐 그런 걸 가질 필요가 뭐가 있어!'라고 충분히 말할 법하다. 그러나 모든 생산품은 목적이 있다. 목적성을 잃지 않은 상품이 살아남는다. 반대로 목적성을 잃어버린 상품은 시장에서 사라지고 만다.

상품이 존재해야 하는 이유가 사라지면 상품은 사라지고 만다. 예를 들어보자, 카메라는 피사체를 담기 위해서 태어났고 시간이 갈수록 그 용도나 성능이 진보하고 있다. 처음에는 셔터를 누르고 오랜 시간 그 자리에서 움직이지 않아야 빛을 통해 필름에 상이 옮겨졌다. 시간이 지나고 카메라는 사라졌는가? 필름 카메라는 디지털카메라로 대체되었고,

커다란 몸체를 지닌 카메라는 우리의 휴대전화 속으로 들어왔다. 그렇지만 장면을 담아내려는 그 목적은 사라지지 않았기에 우리 손에서 카메라가 아직 사라지지 않았다.

목적이 있고 없고는 그 대상의 존립을 결정한다. 한 가지 예를 더 들어보자, 처음 컴퓨터는 계산하기 위해 태어났다. 복잡한 계산을 하기 위해, 단순 여공들에게 맡겨진 커다란 계산기에 불과했다. 그러나 이제는 거의 모든 곳에서 사용되고 있다. 컴퓨터가 없는 곳이 어디에 있겠는가? 컴퓨터는 그 목적을 진화시켜 왔다. 계산기에서 게임을 실행하고, 영화를 보고, 다양한 프로그램을 돌리는 것으로 그 목적이 셀 수 없이 다양하게 진화해 온 것이다. 이처럼 사업장에도 목적이 있어야 존립을 이어갈 수 있다.

◎ 고객 만족을 목적으로 삼은 K사장님

일산의 K사장님은 음식점을 운영한다. 맛깔 나는 음식과 정결한 반찬으로 맞이하는 손님들에게 인기가 많다. 한때 작은 푸드코트의 구석자리에 있는 식당에서 시작해서 조금씩 자리를 옮겼고, 몇십 개의 푸드코트 중에서 상위권을 달리는 점포가 되도록 성장하였다. 시간이 지나 자리를 옮겨 본인의 점포를 독립적으로 갖게 되었다. 고기덮밥에서 명태로 종목은 바뀌었지만, 여전히 인기가 많은 가게다. 사람들이 늘 찾아주고 칭찬하는 곳이다.

K사장님은 본인이 많은 돈을 버는 것에도 욕심이 있지만, 또 다른 꿈이 하나 있다. 조금 더 지나 자녀들이 완전히 독립하게 되는 때가 되면, 시골로 돌아가서 작은 백반집을 운영하는 것이다. 지나가는 사람들에게 좋은 재료로 맛있고 건강한 반찬을 만들어서 저렴한 가격에 잘 대접하는 것을 꿈꾼다. 그의 목표는 돈을 많이 버는 것을 넘어섰다.

사업 초반에는 그 역시 돈에 주안점을 두었다. 아이들이 너무 어리고 본인의 삶도 경제적으로 어려웠기 때문이다. 시간이 지나며 그는 목표를 수정했다. 돈을 많이 벌기 위해서는 가격 대 성능비가 좋은 재료를 사용해야 했고, 늘 마찰이 빚어졌기 때문이다. 재료를 공급해주는 거래처에는 돈을 늦게 주고, 손님들에게는 단돈 몇백 원이라도 더 받아야만 했다. 생존을 위해서 말이다.

그렇게 성장을 하던 K사장은 불현듯 기업의 목적을 수정하게 되었다. 바로 명절 때면 음식을 드리던 어르신들 때문이었다. 심경의 변화가 온 것은 경제적으로 여유가 생겨서 일수도 있고, 자녀들이 다 커서 이제는 큰돈을 벌지 않아도 되는 상황이 되었기 때문인지도 모르지만, 그는 자신의 업장을 찾아주는 주머니 사정이 어려운 어르신들에게 자꾸 눈길이 갔다. 고기를 먹고 싶지만 가격이 너무 높고 고기가 질겨서 발길을 돌리는 어르신들이었다. 그는 가격을 올리지 않고 얇고 부드러운 고기로 바꾸고 채소와 밑반찬을 어르신들의 입맛에 맞게 조금 바꾸었다. 그러자 어르신들이 많이 찾기 시작했다.

결코, 기업에서는 좋은 상황만은 아니다. 구매력 있는 소비자의 니즈를 받아들여 더 많은 이윤을 창출하는 것과는 거리가 있는 결정이었기 때문이다. K사장님은 말한다. "돈을 더 많이 벌려고 하기보다, 나를 찾아주시는 어르신들의 한마디를 놓치고 싶지 않았다. 저분들도 좋은 고기 많이 드시고, 더 건강하게 오래 나를 찾아주시는 것을 나는 바란다"고 말이다. 이런 변화는 독특한 결과를 가져왔다. 어르신들의 입소문을 탔고, 여전히 그의 가게는 장사가 잘된다. 장사가 잘되는 것을 최우선의 목표로 하지 않았다. 그 가게의 목적은 고객의 만족에 있었다. 그랬더니, 기업의 번영이 부산물처럼 따라왔다.

당신은 '돈'을 위해 당신의 열정과 에너지를 바치겠는가, 조금 더 큰 것을 위해 기업을 사용하겠는가? 지금 당장 기업의 목적을 생각해보라. 이윤 추구를 1번의 목적으로 넣어도 좋다. 그러고 난 뒤 2번을 생각해 보라. 돈도 잘 벌고, 탄탄히 서가는 기업이 된다면 당신은 이 기업을 통해 무엇을 추구하겠는가? 불우이웃돕기에 성금을 내는 것도 좋고, 연말연시에 홀로 사는 노인을 방문하는 것도 좋다. 이 점은 작은 목표에 지나지 않는다. 무엇을 추구하기 원하는가? 이웃을 위해, 지역사회를 위해, 당신의 기업은 무엇을 꺼내 놓을 수 있는가? 이것에 답할 수 있다면, 어쩌면 당신의 기업이 추구해야 하는 목적의 1순위가 이 내용으로 바뀔 수도 있다는 점을 생각해보길 바란다.

당신의 식당이 돈을 잘 벌게 되면 장애인들을 돕겠다는 계획을 세웠다고 예상해보자. '장애인을 돕는 식당'이라는 게 당신의 사업처의 '목적'이 될 수 있다는 것이다. 그런 마음을 가진 사람들과 함께 일하고, 수입 일부를 기부하거나, 일정 기간에 방문하는 것으로 시작해서, 나중에는 '장애인들을 돕는 것'을 사업의 아이템으로 변경할 수도 있다. 그들을 장사의 수단으로 사용하라는 이야기가 아니다. 그들을 돕는 방법 중에 식당의 역할로 사업을 구상해보라는 것이다.

'목적을 분명히 가진 기업'은 장점이 있다. 그 기업이 동네의 식당이든, 사거리의 카페든, 아니면 대기업이든 팬이 생긴다는 것이다. 직원을 뽑을 때도 그 목적을 이해하고 동의하는 사람이 온다. 같은 꿈을 꾸고 분명히 협력할 사람이 더해진다. 시간을 보내거나, 적당히 일할 사람은 이런 곳에 지원하지 않는다. 방문하는 사람들도 기업의 분명한 목적에 매우 환영한다. 그 목적이 자기 자신을 위한 것이 아니라는 것에 더 많은 사람을 데리고 올 것이다. 물론 맛과 서비스는 기본이 되어야 할 것이다. '특별한 목적을 가진 기업'은 듣는 그것만으로도 매우 매력적이다. 그런 의미에서도 당신의 기업은 분명한 목적을 가져야 한다.

기업은 일자리를 제공하고, 제품을 생산하며, 판매와 구매의 행동을 유발한다. 경기가 돌아가게 하는 하나의 축이 된다. 경기가 좋을 때야, 걱정 없이 더 잘되어질 것들만 기대하면서 '더 잘 되는 방법'을 찾는다. 정작 중요한 것은 경기가 어려워지고 모두가 주머니를 닫을 때이다. 이 사업을 계속해야 하나, 내일도 가게를 열어야 할까, 언제 폐업을 하는 게 좋을까. 이런 생각 하며 무기력한 시기를 보내게 되는 때도 분명 있다. 요즘같이 어려운 시기에는 모든 사장님이 하루에 한 번 이상씩 이런 생각들을 구체적으로 해보곤 한다고 한다. 권리금을 받을 수 있을까, 언제 빠지는 것이 가장 더 받고 덜 손해를 볼 수 있는 타이밍인가 하는 계산들 말이다.

우리의 사업에 목적이 필요한 이유는 이때 이겨낼 힘을 주기 때문이다. 단지 돈을 벌기 위한 기업은 돈이 되지 않으면 문을 닫는다. 사업주의 처지에서는 너무 당연한 이야기다. 손해를 보면서 계속 유지해야 할 이유가 어디 있겠는가? 그러나 기업이 문을 닫으면 일하는 근로자의 밥줄이 끊기고 거래처들이 불이익을 겪는다. 사업주 한 사람만 망하는 것이 아니라는 것이다. 그러나 당신의 사업체에 돈을 잘 버는 것을 초월한 목적이 있다면 당장의 어려움을 이겨낼 힘을 얻을 수 있다. 어르신들에게 명절 때 좋은 음식을 한 번 더 대접하기 위해서라도, 한 번의 고비만 더 참아보고 노력해볼 수 있다. 아이들에게 교육사업을 지원해주기 위해서라도 조금 더 힘을 낸다. 커피 클래스에 참석하는 이웃들을 생각해서라도 경영난을 헤쳐 나갈 방법들을 더 고민해본다. 단지 돈이 문제였더라면 빨리 빠지고 손해를 줄이는 게 맞다. 그 타이밍을 놓치면 손해는 커진다. 당신 업장의, 당신 기업의 목적은 무엇인가?

또 한 가지, 목적을 가진 기업은 목적지를 향해서 간다. 최소한 '이윤 추구'라도 목적으로 삼는다면 돈을 많이 벌기 위해서라도 모든 구성원이 열심을 낸다. 목적이 없는 기업의 구성원들은 사업주의 눈치를 보느라 바쁘다. 대기업에서부터 작은 구멍가게까지 소유주의 영향력은 대단하다. 특히나 작은 업장일수록, 점주와 함께 일하는 곳일수록 소유주의 기분이나 상태, 마음에 따라서 좌지우지되는 경향이 크다. 어느 때는 돈에 꽂히고, 어느 때는 맛에 꽂히고, 어느 때는 주변의 이웃을 생각하며 베푸는 소유주가 있는 업장의 직원이라면, 도무지 소유주의 경영방침을 알 수 없으므로 결국에는 소유주의 눈치를 보는 일을 하게 된다.

이것은 매우 비효율적이고 반기업적인 결과를 낳는다. 기업을 경영하는 게 아니라 심기를 보필하고 있고, 일해서 월급을 받는 것이 아니라 눈치를 보며 돈을 빼간다는 의심을 업주나 직원 서로가 지울 수 없다. 물론 식당이라면 음식을 주고 돈을 받고, 카페라면 음료를 주고 돈을 번다. 너무 단순하니깐 목적 따윈 없어도 된다고 많은 사장님이 생각하신다. 하지만 종업원의 이야기는 조금 다르다. 어떤 서비스를 주느냐, 어떤 방식으로 일하느냐를 자주 바꾸는 소유주와 있다 보면, 일하는데 쏟아야 하는 집중력이 사장의 기분을 맞추는데 쏟게 되고, 일해서 돈을 버는 게 아니라 사장의 심기를 맞춰주고 돈을 받는 기분이 든다는 것이다.

서비스업일수록 이런 경향이 높게 나타나는데, 프랜차이즈 업장이면 이런 일이 덜하다. 레시피부터 서비스까지 매뉴얼이 정해져 있기 때문이다. 물론 개인 업장에서도 이런 것들이 정해져 있긴 하지만, 기업 철학에서부터 시작된 매뉴얼과 목적 없이 효율만으로 작성된 매뉴얼은 엄연히 차이가 있다. 대기업의 레시피와 서비스는 그들의 철학을 담고 있고, 그것은 그 기업의 목적에서부터 파생된다. 아주 먼 이야기고 연관성이 전혀 없을 것 같아 보이지만 사실은 그렇지 않다. 목적을 가진 업장은 사장부터 직원까지 공유할 수 있는 정신이 있다. 이것은 사장의 방향성을 직원이 알고 있으며 사장의 눈치를 보지 않는다는 이야기이다. 이는 더 효율적이고, 창조적인 업무가 가능하게 한다. 이것은 대기업만의 이야기가 아니다. 성장하는 기업이 되고자 한다면 사업의 가치와 의미를 어디에 둘 것인지, 목적을 명확하게 세워라.

# 5
## 긍정적인 삶의 태도를 가져라

　목표 설정에서 가장 중요한 것은 당신이 원하는 것을 아는 것이다. 사람들은 자기 자신이 무엇을 원하는지 안다고 말하지만 조금 대화를 나누다 보면 사실 자신이 무엇을 원하는지 잘 모른다고 말한다. 현재 상황에 그저 감사한다고 말한다. 그런 그들의 얼굴에는 수심이 가득하다. 나의 관점을 가지고 사장님들을 만나보면 알 수 있는데, 그들 모두 거짓말을 하고 있다. 정확히 말하자면 거짓말이 아니라 자신의 진짜 관심사조차 모르고 있다.

　무엇을 원하는지 충분한 시간과 관심을 들이지 않고 있고, 지금의 어려운 경제적 상황을, 건강의 상황을 벗어나고 싶어 하지만 쉽게 절망해버리고 녹다운되어 있는 상태이다. 다른 사람의 성공기를 들으면 쉽게 마음이 동하고 어떤 방법으로 성공했는지 궁금해한다. 그리고 때로는 타인의 성공법을 시도해보기도 한다. 하지만 그중 다수는 타인처럼 성공하지 못하고 '괜히 시간과 돈만 낭비했네'라는 생각에 빠진다. 혹시 이 글을 읽는 당신도 그런가? 당신은 주변의 환경을 탓하며 있는가, 아니면 더 열심히 노력하지 않는 자기 자신을 탓하며 있는가? 그러나 누구도 탓할 필요가 없다. 세상에는 우리가 다 보지 못하는 수많은 기회로 가득하다는 것을 알고 있는가? 이런 이야기를 꺼내면 누구도 믿지 않는다. 수많은 성공의 기회가 있는데 왜 모두가 성공하지 못하는가, 당신은 왜 성공하지 못하냐고 따진다.

당신은 당신의 미래를 어떻게 예견하는가? 당신의 업종의 미래를 어떻게 전망하는가? 내가 컨설팅을 하면서 만나본 사장님들은 거의 모두 '앞으로 5년은 더욱 어려워질 것'이라고 말했다. 앞으로 시장은 점점 더 축소되고 사람들은 주머니를 열지 않을 것이며, 인건비는 오르고 임대료도 오를 것이기 때문에 요식업종은 더 힘든 길을 걷게 될 것이라고 말한다. 소수의 사장님만이 '올해만 지나면 좀 나아질 것'이라고 전망한다. 물론 그 올해는 항상 변한다. 작년에도 그렇게 이야기했고, 올해에도 그렇게 이야기했다. 그나마 그분들은 미래를 긍정적으로 보고 계신 분들이다.

앞서도 이야기했지만 목표는 긍정적인 방향으로 설정해야 한다. 누구도 나는 망하는 것을 추구한다고 말하는 사람은 없다. 여기에서 알게 되는 것은 우리가 추구하는 목표는 모두 긍정적인 성격을 띠고 있다. 아주 중립적이라고 할지라도 나는 지금 상태가 좋으니 지금을 유지했으면 좋겠다고 하는 정도이다. 만족하는 현재가 계속되길 바란다는 것이다. 당신의 지금은 어떠한가, 오늘을 만족하는 하루를 보냈는가, 오늘 하루가 즐거웠는가, 오늘을 당신의 인생에서 평가하자면 어느 정도로 좋은 날인가?

손님이 없어서, 매출이 신통치 않아서, 직원이 말썽을 부려서, 위생검열이 나와서, 그 밖에 여러 가지 이유로 오늘이 좋지 않은 날일 수 있다. 하루를 시작할 때, 하루를 정산할 때 당신은 어떤 기분으로 하는가? 그렇다. 나는 긍정적인 태도가 필요하다고 말하고 있다. 우리의 목표는 모두 긍정적인 것을 향한다. 그런데 하루를 시작하거나 하루를 정리할 때, 이미 그런 마음이 사라졌다면 그것은 목표를 추구하는 것이 아니다. 결과와 상관없이 긍정을 선택하라. 목표 관리에서 내가 가지고 있는 비밀이 바로 이것이다. '감정을 선택하는 것이 불가능하다'고 생각하는가? 감정은 나에게 주어지는 것이지. 내가 선택하는 것이 아니라고 생각하는가? 열 받는 일이 생기면 화를 내고 좋은 일이 생기면 웃는다. 이러한 상황에 따라 우리는 살아왔다. 우리는 단 한 번도 우리의 감정을 선택한 적이 없다

다시 한 번 돌아보자. 우리가 어려운 일을 겪었을 때, 한숨을 쉬는 상황이 온다. 이때 우리가 어깨를 늘어뜨리고 표정을 어둡게 하고 크게 한숨을 내쉬는 것은 누가 우리에게 명령한 것인가? 우리 스스로다. 아무런 우울한 일이 없더라도 우리는 우울한 감정을 불러일으키는 것을 아

주 잘 할 수 있다. 우울했을 때의 기억을 생생하게 되새기는 것이다. 커다란 시련을 겪어서 일어설 힘도 없었던 때를 상기시키는 것이다. 우리는 그것에 매우 능숙하다. 특히 부정적인 것들 말이다. 슬픈 감정을 불러일으키는 것을 연습해보자.

사랑하는 사람을 잃었을 때, 가족이 실패를 경험했을 때, 우리는 슬픈 감정을 우리 스스로 일으킨다. 그러기 위해서 눈물의 흘릴 것 같은 표정을 짓고, 깊은 호흡으로 감정을 고조시킨다. 이것은 사건과 관계없이 우리가 일으키는 운동이다. 우울한 감정, 슬픈 감정은 우리가 어떤 사건 뒤에 스스로 만들어내는 것에 불과하다. 슬퍼서 울고, 괴로워서 한숨짓고, 기뻐서 웃고, 즐거워서 덩실덩실 춤을 추는 것을 '자연스럽다'고 말하는 것이 일반적이다. 모두 다 그것이 당연하다고 말한다. 하지만 우리의 습관이 만들어내는 감정이라고 생각해보라. 유교문화권에 강하게 젖어 있는 사람들은 기쁜 일이 있어도 그 기쁨을 드러내지 않는다. 슬픔이 있어도 그 감정에 묻히지 않으려 한다. 그래서 아무리 좋은 일이 있어도 쉽게 자기감정을 드러내지 않고, 어려운 일이 있어도 표정을 보이는 법이 없다. 감정은 훈련에서 비롯되는 것이다. 유럽이나 미국의 사람들을 보라. 우리가 흔히 말하는 미국 리액션은 우리 수준에서 보기엔 너무 과도하고 과장되기까지 하다. 하지만 그들에게는 그것이 일상이다. 다시 말한다. 감정과 감정을 표현하는 것은 훈련이다.

당신에게 한 가지 미션을 주려고 한다. 당신과 우리의 목표는 모두 다 좋은 것들이다. 긍정을 지향하고 있다. 지금의 상태를 유지하거나, 아니면 재정적으로, 환경적으로 지금보다 더 나은 삶을 추구한다. 그렇다면 우리가 목표로 하는 삶이 우리에게 벌어졌을 때 우리는 어떤 감정을 가지겠는가? 우리는 얼마나 으쓱거리고 즐거워하겠는가? 그것을 상상해보라. 그리고 지금 바로 그 감정을 갖도록 연습하라.

뚱딴지같은 소리라고 생각할 것이다. 맞다. 지금 장사가 안돼서 문을 언제 닫을까 달력을 보고 있는데, 즐거워서 덩실덩실 춤을 추라고? 내 건강이 나날이 악화되는데, 기뻐하라고? 말도 안 되는 소리가 맞다. 우리는 목표를 정해 놓고 그 목표를 한 단계 한 단계 이루어가는 삶을 살아가고 있다. 목표를 철회하면 모를까, 당신이 영원히 가난하고 슬프게 살 것이라고 설정한다면 지금부터 슬픈 마음을 계속 유지하도록 연습하고 훈련할 것이다.

반대로 당신이 성공하고, 많은 돈을 벌고, 가족 모두와 행복한 삶을 살아가기 원한다면 지금부터 그런 감정을 가지도록 연습하고 훈련할 셈이다. 감정은 결과를 불러일으키기 때문이다. 이런 이야기를 하면 한 번씩 웃어 보이고 '자, 봐 내가 웃었는데 좋은 일이 안 벌어졌지? 너는 틀렸어'라고 말하는 사람이 많다. 무슨 어린아이 어리광 같은 소리이냐고 생각하겠지만 정말 많다. 당신의 삶에서 한 번도 그런 경험을 해본 적이 없기 때문이다.

아직도 그런 분들이 있는지는 모르겠지만, 늘 즐겁게 웃는 사람을 보면 '실없는 사람', '진중치 못한 사람'이라고 평하던 시절도 있었다. 우리는 그런 정서에서 생활해 왔기 때문에 술의 힘을 빌리지 않고는 나의 감정을 누군가에게 드러내는 것을 부끄럽게 여긴다. 어려운 마음을 보여주는 것은 술로는 가능하지만, 기쁘고 즐거운 감정을 보이려면 더 많은 준비가 필요하다. 하지만 그러한 감정은 휘발성이 강해 금세 사라진다.

우리 생활에 얼마나 긍정적인 요소가 있는지 한번 체크해보라. 일어나서 잠들기 전까지 마음껏 기분 좋게 웃는 시간이 얼마나 되는가? 그리고 그 마음이 얼마나 지속되는가? 고등학생들에게 자신이 원하는 대학에 들어가면 기분이 어떨 것 같냐고 물으면 금세 얼굴에 함박웃음을 띤다. 그리고 그 기분 좋은 마음이 하루 정도는 간다. 20대 청춘에게 자신이 좋아하는 사람으로부터 고백을 받으면 어떨 것 같냐고 질문을 하면 그 기분이 몇 시간 정도 지속된다. 이처럼 나이가 올라갈수록 기분을 좋게 해주는 요소들도 줄어들고 그 지속 시간도 짧아진다. 즉, 우리는 나이를 먹을수록 잘 웃지 않고, 좋은 감정을 유지하려 하지 않는다는 것이다.

삶의 마지막에서 이것이 전환되는 분들을 많이 본다. 말기 암 환자들 중에는 자신의 삶을 돌아보며 그저 감사하고 고마웠던 기억이라고 말하는 분들이 있다. 자신의 상황과 관계없이 자신의 감정을 감사로 선택하는 것이다. 그리고 평안한 마음이 오래간다는 것을 보았다. 자, 이제 내가 무엇을 말하려고 하는지 알겠는가? 이제부터 당신은 '기분 좋은 감정', '감사하는 마음'을 계속해서 유지하라.

당신이 목표로 하는 것은 돈인가? 건강인가? 명예와 지위인가? 이러한 것을 목표로 삼는 이유는 당신이 그것을 얻어야 만족스럽고 행복하다고 느끼기 때문이다. 사실 당신의 목표는 삶의 만족, 그리고 행복이다. 지금 당신의 삶과 관계없이 만족하는 것을 선택하고 연습하라. 감사를 훈련하라. 그렇게 되면 당신은 행복에 도달하는 사람이 될 것이다. 돈과 명예, 지위, 건강 같은 것은 행복을 만들어주는 조건에 불과하다. 행복해지는 순간 우리에겐 그것들이 필요 없어진다. 우리가 원래 추구하고자 했던 것을 깊이 생각해보라. 그리고 지금 '기쁨'과 '감사'를 선택하고 유지하기 위해 훈련하라. 그러다 보면 당신이 원하는 돈과 명예, 지위, 건강 등이 어느새 가까이 와 있음을 알게 될 것이다.

# 6

## 남이 가지 않는 길을 기꺼이 가라

당신에게 감사를 경험하는 것은 어려운 문제인가, 쉬운 문제인가? 장사를 하다 보면 손님이 결제할 때나, 나갈 때 인사말로 많이 사용하는 말이 있다. 바로 '감사합니다'라는 말인데, 당신은 정말 감사하며 그렇게 말하고 있는가? 나도 불과 1년 전까지는 사람들과 대화를 할 때 이런 말을 하곤 했다. '감사할 일이 있어야 감사하지! 나에게 감사할 일을 준다면 내가 감사하겠어, 내가 지금 감사하는 마음을 갖지 못하는 이유는 감사할 만한 일이 없기 때문이야!'

이 얼마나 논리정연한 말인가? 주어진 자극에 적절한 반응을 한다는 것은 우리가 태어나면서부터 지금까지 유지해오고 있는 태도이다. 돈이 생겨서 감사하고, 대학에 합격해서 감사하고, 자녀가 태어나서 감사하다. 우리가 감사해 온 내용을 돌이켜보자. 주어진 것에 감사하는 것은 너무나도 당연하고 논리적이다. 그래서 우리 삶에는 진정한 감사가 없다. 왜냐하면, 감사할 일들에만 감사하기 때문이다.

또, 감사에 대한 장벽이 굉장히 높다. 어지간히 돈을 벌어서는 감사하는 마음이 없다. 맛있는 것을 먹는 수준으로는 감사와 감격이 없다. 무언가 기적적이고 말로 표현할 수 없는 엄청난 것들이 내 눈앞에 벌어져야만 초자연적인 현상에 대해서 '감사'를 내뱉는다. 우리 삶에 그런 일이 일어날 확률보다 일어나지 않을 확률이 현재까지는 높아 보인다. 이는 곧 우리가 감사를 표현할 일이 적다는 이야기이고, 점점 적어진다는 이야기다. 이 감사는 우리가 마음 깊이 느끼는 '진정으로 감사하는 마음'을 말하는 것이다.

이런 생각을 깨는 경험을 하게 된 적이 있었다. 조 비테일<sup>Joe Vitale</sup>의 《미라클!<sup>The Miracle</sup>》은 나의 감사를 송두리째 바꾸어 버렸다. 그는 연필을 예를 들며 말한다. "작은 연필 하나를 보며 이것으로 무엇을 할 수 있을까 고민을 했었다. 이걸로 자살 유서도 쓸 수 있고, 쇼핑목록도 쓸 수 있고, 또 뭐가 있을까…. 고민하던 조는 조금 더 진지하게 고민해보기로 했다. 연필은 창작 행위가 가능한 마술의 도구라는 것을 발견했다. 또, 어려움에 빠진 사람들에게 희망의 글을 써줄 수도 있고, 사랑하는 사람을 위해 마음을 담은 편지를 적을 수도 있으며, 시와 노래를 쓸 수도 있고 그밖에도 무궁무진한 것들을 적어 내려갈 수 있었다. 그러고 나서 연필을 다시 바라보게 되었는데, 이전에 연필이 흑연을 나무에 박아 놓은 막대기에 불과하게 생각했다면, 이제는 천재의 걸작품으로 보인다." 관점의 변화가 일어난 것이다. 그러자 연필에 대한 감사가 샘솟기 시작했고, '연필'로 인해 엄청난 기쁨을 맛보았다고 했다.

생각해보라. 당신 주변에 지금 어떤 물건이 놓여 있는가? 장난스러워도 좋고 진지해도 좋다. 자기 주변에 있는 물건으로 무슨 일을 할 수 있는지, 그것이 당신에게 어떠한 이점을 가져다주는지 하나하나 적어보라. 감사하는 마음을 가지기 위한 조건은 사실 어떤 것도 필요 없다. 중요한 것은 우리의 관점이 바뀌어야 하는 것이다. 반대로 말하자면 세상이 완전히 바뀌는 것과 같다. 우리가 그대로 있으면서 세상에 감사할 일이 쏟아지는 것을 기대하는 것보다, 가만히 있는 세상에 대해 우리의 관점을 바꾸어서 세상을 다르게 바라보는 것이 훨씬 쉽다. 감사는 우리에게 그렇게 풍성하게 다가올 수 있다.

나에게는 그 대상이 휴대전화였다. 현대에 있어서 휴대전화는 누구에게나 필수적인 도구가 아니겠는가. 남자들은 화장실에 들어가서 큰일을 볼 때도 휴대전화를 들고 들어가고 축구 영상을 보거나 게임을 하고 뉴스도 본다. 알람시계부터 화장실까지 함께 하는 친구가 되어주는 휴대전화 없이는 우리의 삶을 상상하기가 어렵게 되었다. 휴대전화로 무엇을 할 수 있을까 고민을 하다가 낮에 만났던 고민 상담을 하던 친구가 기억났다. 시간이 부족해서 다 이야기하지 못했지만, 당시 상당히 좌절하고 있었던 친구여서 메신저로 계속해서 이야기를 이어 갔다. 들어주고 공감해주고 적절한 대안을 함께 찾아주면서 그 친구의 감정도 많이 안정되었고, 나도 보람을 느낄 수 있었다. '내가 배운 것들이 도움이 될 수 있다니 참 보람되다. 누군가를 도울 수 있다니 너무 좋은걸'이라고 생각하는 동시에 휴대전화를 뚫어져라 쳐다보고 있는 나를 느꼈다. '이 휴대전화로 누군가를 도울 수 있다니 이것 참 소중한 도구네'라는 생각이 갑자기 들었고, 마음속에서 무언가 뜨거운 감정이 올라왔다. 그렇다. 휴대전화에 대한 감사가 샘솟았다. 누가 발명했는지는 모르지만 참 고마운 물건이라는 걸 새삼 깨달았다. 전화기, 컴퓨터, 스마트폰, 메신저 애플리케이션 개발자, 인터넷 사업자 등 모두에게 고마웠다. 그들이 있었기에 휴대전화가 인터넷으로 연결되어 내가 한 사람에게 감동을 주고 새로운 힘을 전달해 줄 수 있었기 때문이다. 그 결과는 나 혼자 이루어 낸 것이 아니었다. 이 휴대전화가 있었기에 가능했다.

컨설팅을 하면서 만나 뵙는 사장님들에게 매일 과제를 드린다. 그것은 바로 문자로 감사한 점 세 가지를 적어서 보내기였다. 어떤 사장님은 정말 단답형의 문자만을 보내시기도 한다. 그런데 C 카페의 N 사장님은 달랐다. 하루에 평균 일곱 가지는 감사 내용을 적어서 보내신다. 하루의 일과 중에 있었던 주요한 일들을 감사의 내용으로 적어서 보내신다. 감사 노트를 읽다 보면 어떻게 하루를 보내셨는지 커다란 줄기는 알 수 있을 정도다. 감사의 내용은 정말 사소하고 평범했다. 카페에서 무슨 일이 벌어졌는데, 잘 해결되어서 너무 다행이고 너무 감사하다. 자녀가 어떤 일이 있었는데 너무 고맙고 대견하다. 남편과 무슨 일이 있었는데 이렇게 해결하려고 한다. 이런 생각이 떠올라서 너무 다행이다. 감사하다. 이런 내용이다. 소소한 주부의 일기 같아 보이기도 하는데 그 특징은 하루에 일어난 주요 사건들을 '감사하는 시각'으로 바라본다는 점이다. 불만이 생기는 일이 있더라도 체력적으로 지치는 일이 벌어지더라도 의식적으로 감사하게 표현하는 것이다.

이 분의 특징은 매사에 활력이 넘친다는 것이다. 감사하는 마음이 가득한 사람은 늘 긍정적이다. 무언가를 긍정적으로 보는 렌즈를 장착한 것이다. 심지어는 상황이 좋지 않더라도 그것을 어떻게든 긍정적으로 해석하려고 노력한다. 이것은 어떤 결과를 가져올까? 그들의 삶이 긍정적으로 해석되자, 긍정적인 결과물을 맺는다는 것이다. '자기만족일 뿐이야. 그런다고 결과는 달라지지 않아. 그게 다 무슨 소용이야'라고 생각할 수 있다. 맞다. 당신이 지금 그런 생각을 하고 있다면 당신의 생각에도 동의한다.

다만 당신이 그렇게 부정적으로만 생각한다면 당신 삶에서 무슨 변화가 있겠는가? 열심히 노력하고 쉬지 않고 일하고 달려와도 지금의 어려운 상황을 타개할 수 없는 상태의 당신이라면 매사에 부정적이고 절망스러운 표정과 말과 생각으로 둘러싸여 있는 것이 당신에 무슨 득이 되겠는가?

앞에서 말했지만, 우리는 돈을 벌고 싶어 한다. 부유해지고 싶고, 타인들과 비교해서 우위에 놓이고 싶어 한다. 그 이유는 행복해지기 위해서이다. 사람은 100만 원을 벌어서 행복감을 느끼다가도 옆 사람이 150만 원을 벌면 그 행복감이 사라지게 된다. 이런 논리라면 전 세계 1등이 되지 않는 이상 우리는 영원히 만족할 수도 행복할 수도 없다. 하지만 먼저 행복해지는 것을 훈련하면, 우리의 상황과 관계없이 행복하게 될 것이다. 경제적으로 어려워도 건강이 좋지 않아도 당신은 행복해질 수 있다. 행복은 선택하는 것이고 훈련하는 것이기 때문이다.

감정을 추스른다는 표현을 쓴다. 그 말은 곧 감정은 감소시킬 수 있는 성질의 것이라는 것이다. 반대로 감정을 우리의 의도에 따라 더 표현할 수도 있고 자제할 수도 있는 것이다. 당신은 감정을 잘 자제하는 편인가? 어떤 상황에서도 불쾌하거나 절망적인 것들을 잘 드러내지 않는 사람인가? 그렇게 연습하고 훈련해서 마음을 단단히 표현하라. 그렇다면 이제부터 반대로 훈련해보자. 당신은 지금부터 감사를 표현하라. 입으로만 하는 감사도 좋다. 우선은 거기에서 시작한다. 내 마음속에 감사하는 마음이 전혀 없더라도 상관없다. 만나는 사람들에게 적절한 이유를 붙여 감사하는 마음을 표현하라. "○○ 씨 저번에 정말 고마웠어. 감사해." 라고 만나는 사람에게 말해보라. 어색하고 이상할 수 있다. 하지만 시도해보라.

당신 주변에 있는 사물들을 보며 저것이 감사한 이유를 찾아보라. 감사하는 말에 익숙해지면 이제 마음을 실어 감사하는 것을 연습해보자. 진짜 기뻤던 기억을 떠올려보라. 결혼하던 때, 출산의 기쁨, 원하는 대학교에 합격했을 때, 취업했을 때 등 어떤 기억이라도 좋다. 그때의 감격을 당신의 입에서 나오는 감사와 연결하라. 감사하다고 말할 때마다 그때의 감격을 재생하라.

　이것은 훈련이다. 처음에는 되지도 않고 쉽게 받아들여지지도 않을 것이다. 하지만 시간이 지나고 훈련의 양이 쌓이면 당신은 달라질 것이다. 숨 쉬는 것에 환희를 느끼는 당신을 기대하라. 매출이 많아도, 매출이 적어도 당신의 모든 삶이 환희와 기쁨으로 가득 차게 되는 것을 상상해보라. 당신의 삶은 180도 달라져 있는 것을 보게 될 것이다. 이런 사람에게 더 많은 고객이 찾아오게 되는 법이다. 당신의 감정이 완전히 달라졌을 때, 당신의 삶의 만족도가 높아졌을 때, 당신의 계좌 잔액도 변화될 것이다.

# 7

## 목표만 있다면 부족함은 채워진다

이번 장에서는 목적과 목표를 세우는 방법들에 관해서 이야기하고 감사하는 마음이 얼마나 우리에게 유익한가, 감사하는 마음을 갖는 방법과 유지하는 방법에 관해서 이야기해오고 있다. 목적과 목표는 여행의 종착지와 그에 다다르기 위한 휴게소와 같다고 했던 것을 기억할 것이다. 하지만 의욕도 생기지 않고 시간과 여유가 도저히 없다고 느껴지는가? 식당에서 일해서 틈이 없다거나, 종일 카페에서 손님을 기다려야 하기에 그런 것들을 할 수 있는 시간이 도저히 없고, 집중할 수 있는 여력이 없다고 말하고 싶은가?

이해한다. 쉽지 않은 길이고 관심 밖의 영역이라 하고 싶지 않을 수도 있다. 당신에게 '큰돈을 벌게 해줄 테니 목적과 목표를 세워보자'고 말해도 선뜻 실행할 수 없는 이유는 잘하는 분야가 아니기 때문일 수 있다. 자신의 과거를 돌아보고 미래를 계획하는 것은 계속해서 자신의 과거를 기억하고, 미래에 벌어질 사건을 상상해야 하는 작업이다. 이것도 '능력치'라는 게 존재한다. 그래서 처음 하는 경우라면, 요리 초보자처럼 오래 걸리고 효율은 낮으며 쉽게 피로해진다. 감사하는 마음도 마찬가지다. 나 또한 감사하는 것을 처음 훈련할 때 콧방귀를 뀌며 비아냥거렸던 기억이 난다. 사회초년생 시절 직장 상사에게 지나가는 말로 웃음에 관한 이야기를 들은 적이 있었다.

"성진 씨, 행복해서 웃는 게 아니라 웃어서 행복한 거예요. 오늘 하루도 조금만 더 웃어보세요."
"……"
"한번 웃어보라니까요? 자 이렇게."

상사는 내 입 꼬리를 위로 잡아당겼다. 돌싱이면서 자녀 둘을 양육해야 하고 경제적 어려움에 시달려 지금 그 스트레스를 풀기 위해 핀 담배 냄새를 풀풀 풍기는 팀장의 말이 나는 탐탁지 않았다. 혈기왕성했던 그 시절에는 지금보다는 참을성이 확실히 없었다.

"팀장님, 어휴, 무슨 말도 안 되는 소릴 하세요. 웃으면 행복하다니요. 그게 말이나 되는 소리예요? 좋은 일이 있어야 웃지, 제 실적도 엉망이고, 되는 일이 하나도 없는데 어떻게 웃을 수 있어요."

"성진 씨가 아직 너무 어려서 그래, 인생은 웃는 사람이 이기는 거야, 두고 보면 알 거야."

40대의 인생 선배가 20대의 열혈 청년에게 해준 조언이기에 그다지 와닿지 않았다. 십수 년이 지나고 난 뒤에서야 알게 되었다. 어떤 태도로 그 말을 받아들여야 하는지를 말이다. 10년 가까이 그 문제를 두고 치열하게 싸우며 살아온 것 같다. 내가 얻게 된 한 가지 결과는 나의 태도가 내 인생의 결과로부터 비롯되는 게 아니라 나의 태도가 나의 인생을 결과 짓는다는 것이었다. 수많은 스승이 미리 알려주었지만, 결국에 나도 '똥인지 먹어봐야 아는 사람'이었던 것이다. 현명한 인생의 선배들은 이 말에 공감하실 것이다. 더 많은 것을 경험했으니 말이다.

신이 세상을 창조하실 적에 각각의 창조물은 그 목적에 맞게 지었다고 성서에 적혀 있다. 즉 모든 만물은 지어진 목적이 있다고 보는 것이다. 식물은 식물의 목적이 있고, 동물은 동물의 목적이 있다. 시계를 제작한 사람은 시계에 목적을 부여했다. 사람들이 시간을 확인할 수 있게 하는 것이다. 시침과 분침 숫자를 적어 넣은 것들이 그런 이유일 것이다. 자연물부터 인간이 만든 것까지, 만들어진 데는 모두 그 목적이 있다. 사람도 역시 목적을 가지고 태어났다고 나는 믿는다.

그런데도 목적을 잘 모르겠다고 말씀하시는 분들을 위해 한 가지 비밀을 알려드리려고 한다. 나의 꿈, 내 인생의 목적을 모르겠다고 하시는 분들에게 '이 행위'를 적극적으로 추천한다. 이 행위를 하게 되면 당신이 원하는 것, 바라는 것, 마지막의 내 인생의 목적, 인생이란 여행의 종착지를 알게 될 것이다. 그것은 바로 '창조 행위'이다. 무언가를 만들어 보라. 음식도 좋고, 인테리어 조형물도 좋다. 그림을 그려보아도 좋고, 능력이 있다면 음악을 만드는 것도 좋다. 그중에 가장 추천하는 것은 '글쓰기'이다.

아마도 열에 아홉은 '못한다', '할 줄 모른다', '시간이 없다'고 말할 것이다. 나도 그랬다. 우리는 무언가를 만들 때, 거창하게 표현하면 '창조할 때' 그것을 만들 만큼의 집중력을 발휘한다. 간단한 것을 만든다 할지라도 '간단한 것을 만들 정도'의 집중력을 발휘한다. 그중에 글쓰기는 다른 생각을 하기가 어렵다. 펜을 쥐고 종이에 글을 쓸 때, 전화번호를 적는 행위를 하더라도 집중력이 흐트러지면 틀리기 일쑤다. 라디오에서 흘러나오는 노래를 들으면서 글을 받아 적어본 적이 있는가? 입으로 되뇌이면서 꼼꼼하고 차분하게 쓰지 않으면 엉뚱한 글을 적고 만다.

글을 쓰시라고 추천을 드리면 컨설팅을 받으시는 사장님들은 무슨 글을 쓰냐고 많이 물으신다. 어떤 사장님은 신문에 적혀 있는 광고 문구를 계속 옮겨 적으시는 것을 봤다. '왜 옮겨 적으시는 걸까?'라는 호기심에 물어보니, 글씨를 연습하면서 자신의 집중력도 기르고 마음을 차분히 한다고 하셨다. 말씀을 듣고 나니 '단순히 글씨를 베껴 쓰는 것도 이렇게 효과가 높은데 직접 자신이 글을 쓴다면 얼마나 높은 집중력이 발휘되겠는가'하는 생각이 들었다. 글을 쓴다는 것은 손과 눈과 정신을 모두 사용해야만 가능한 행위다. 우리가 카페 아트를 머릿속으로 상상하면서 배우자에게 잔소리하는 글을 쓸 수는 없다. 직원들이 더 열심히 일해주는 것을 상상하면서 어머니에게 안부 편지를 쓰는 것은 불가능하다. 오롯이 당신의 정신을 온전히 집중해야만 글을 쓸 수 있다. 글쓰기를 하면서 얻는 효과들은 수많은 곳에서 광고하고 있을 만큼 뛰어난 방법이다.

많은 사장님이 '책 쓰기'를 진행하고 있다. 전체로 보면 극소수의 사람들만 글을 쓰지만, 그래도 과거에 비하면 '선택받은 몇몇 사람들'이 독점한 출판이 '누구나 도전할 수 있는' 분야로 넓어지고 있는 것은 사실이다. 이 글을 읽는 당신에게 책을 출판하라는 것은 아니다. 단지 자신의 생각을 글로 적어보라는 것이다. 분량과 관계없이 말이다. 긴 글을 계속해서 써 본 적이 있는가? 글이 길어질수록 이야기는 방향성을 띠게된다. 아무리 상관 없는 문장을 쓰는 것 같아도 당신의 머릿속에 있는 평소에 하고 싶었던, 어쩌면 인생을 통틀어서 가장 중요하다고 생각하는 것을 계속해서 반복해 쓰게 된다. 글을 잘 쓰는 세련된 작가라면 조금씩 다르게 표현하겠지만, 처음 글을 써본다면 당신은 같은 문장을 계속해서 쓰고 있게 될 확률이 높다. '인생의 목적'을 이야기하는 도중에 왜 이런 이야기를 하는지 궁금할 것이다.

이는 당신이 반복해서 사용하는 문장이 바로 당신의 인생 목적과 관런이 있기 때문이다. '내가 비록 지금은 힘들지만'이란 표현을 자주 쓰고 있는가? 어려움을 겪고 나면 무엇이 되고 싶은가? 어떤 삶을 살고 싶은가? 당신의 염원을 적어보라. 펜도 좋고 키보드도 좋고 스마트폰의 메모장도 좋다. 아무것도 하지 않는 것보다는 무언가를 계속해서 적는 것이 훨씬 유익하다.

남자들이 얼마나 수다스러운지 알고 있는가? 아무리 과묵한 남자라 하여도 술 한잔 들어가면 수다쟁이로 변한다. 자신이 좋아하는 주제가 나오면 입에서 침이 튀도록 떠들어대는 게 남자란 동물이다. 글을 못 쓰겠다는 남자 사장님들도 컨설팅 과정 중에서는 청산유수처럼 자신의 경력과 업적들, 위기와 험난한 고비들을 극복한 이야기를 영웅 서사시를 이야기하듯 일장 연설을 한다.

한번은 상호 간의 녹취를 약속한 뒤 상담을 진행 중이었는데, 너무 멋진 이야기를 해준 부분이 기억이 나서 그 부분을 글로 옮겨 적은 후 상담한 사장님께 프린트해서 보내드렸던 적이 있다. 굉장히 뻘쭘해하면서도 그 글을 보시며 여러 가지 복잡한 감정을 내비쳤다. 아마도 자신이 했던 말을 글로 보자 그 당시의 감정이 되살아났기 때문인지도 모르겠다. 그의 눈빛에서 많은 것들이 읽혔다. 그 뒤로 그 사장님은 항상 무언가를 쪽지에 쓰신다. 긴 글은 아니어도 자기 생각이나 가치관들을 계속 적으시는 것 같았다.

이 글을 읽는 당신도 글을 써보시길 바란다. 확신하는 것은 자신의 내면의 이야기가 글로 세상에 나올 때 목적이 더 분명하게 드러난다는 것이다. 내가 진짜로 무엇을 원하는지 모르겠다고? 그렇다면 펜을 들 자신의 감정을 솔직하게 한 글자 한 글자 적어보자. 그렇게 자신의 생각을 표현할 적당한 단어를 찾아가는 과정에서 당신이 바라는 삶의 모습, 성공의 모습이 엿보일 것이다. '말하기'와는 또 다른 '글쓰기'의 힘을 모두가 경험해보길 바라는 바다.

# 5장

# 자기 관리 :

## 관리의 영역을 넘어
## 습관으로

절망감을 느끼지 않는 최고의 방법은 일어나서 바로 무엇을 하는
것이다. 좋은 일들이 당신에게 일어나기를 기다리지 마라.
당신이 나가서 어떠한 것들을 한다면 당신은 세상을 희망으로
채워 나갈 수 있다. 그리고 당신 자신을 희망으로 채울 수 있다.

— 버락 오바마

# 자신을 완벽히 통제하는 사람만이 성공한다

자기 관리라고 하면 사람들은 주로 무엇을 떠올릴까? 나는 시간과 여유가 많은 사람이 피부나 건강에 대한 조언을 받고 서비스를 받는 것을 상상해본다. 모임에 나가서 '내가 요즘 관리를 받는데 말이야~ 너무 좋더라'라고 말하거나 피트니스 센터에서 퍼스널 트레이닝을 받으면서 자신의 몸에 대한 관리를 받고 있다고 말한다. 관리라는 것은 '지속적인 서비스를 받는 현상' 정도로 생각해볼 수 있다. 그렇다면 자기 관리는 '자기 자신이 주기적으로 자신에게 서비스를 해주는 것'이라고 설명할 수 있지 않을까 싶다.

관리하는 분야는 엄청나게 다양하다. 내 주변에는 다양한 것들을 관리해주는 사람들이 있다. 피부 관리, 운동 관리, 손톱 관리, 발성 관리, 자동차 도색 관리, 집과 업장의 해충 관리, 식이요법 관리, 건강검진 관리 등. 찾아보면 수많은 사람이 누군가를 관리해주는 직업을 가지고 있고, 우리도 그런 사람에게 관리를 받는 소비자의 역할을 하고 있다.

사실 2장부터 계속되어 왔던 마인드 관리, 시간 관리, 목표 관리들도 크게 보면 '자기 관리'의 범주 안에 있다. 그런데도 자기 관리의 장을 따로 둔 이유는 시스템을 만들기 위해서이다. 여기서는 모든 것을 머리로 아는 것에서 그치는 것이 아니라 내 삶에서 실행되고 있는 '자기 관리'가 되는 삶에 대해서 이야기해보려 한다.

우리는 어린 시절부터 부모님과 학교에서 우리를 관리해주는 삶을 살아왔다. 1교시부터 시간 단위로 교육을 받아왔고, 방과 후에 학원이나 과외 그 밖의 다른 것들로 시간을 통제해 왔다. 잠드는 시간도 비교적 규칙적으로 지켜 왔다. 관리를 받는 세상에 태어나서 자라왔지만, 여전히 자기 관리에는 굉장히 약한 모습을 보인다. 왜일까? 왜 우리는 남을 통제하는 것은 잘하면서 자신을 관리하는 것에는 약한 것일까? 의학적이고 철학적인 답을 도출하려는 마음은 없다. 나는 뇌 의학 전문가도 아니고 깊은 사색을 통해 인생의 진리를 찾아낸 철학자들도 아니다. 몹시 어렵고 깊은 이야기는 나도 할 자신이 없다. 단지 우리가 우리 자신을 통제하고 관리하는데 취약하므로, 최대한으로 자신을 통제할 수 있는 효과적인 방법들을 나열하고 적용하려 하는 것이다.

당신은 자기 관리라는 말을 들으면 어디까지 생각하는가? 인생은 시간으로 이루어져 있으니 시간 관리가 자기 관리다. 목표가 있는 삶은 에너지가 넘치니 목표를 설정하고 이루어 가는 삶이 자기 관리다. 인생을 관리하려면 건강이 우선이다. 건강 관리가 곧 자기 관리다. 몸의 건강만으로는 부족하다. 마음을 관리하고 정신을 편안하게 하는 마인드 관리가 자기 관리다. 인생은 네트워크다. 나와 연결된 모든 비즈니스 관계를 관리하는 것이 곧 자기 관리다.

나는 이 모든 것이 관리라고 말하는 사람들을 인정하고 존중한다. 그렇다면 이것들을 시스템 안에 어떻게 녹여낼 것인가? 우선순위를 정하고 시간을 배열해 어떻게 넣을 것인가? 이것을 자기 관리의 영역에서 만들어 가려 한다. 설명하는 내용은 나의 이론이고 나의 방식이고, 나의 생각이다. 차용해도 좋지만, 이 글을 읽는 독자의 성향과 상황에 맞춰 적용하길 바란다. 우리나라에는 5천만의 인구가 살고 있고, 그들 각자의 삶은 모두 다르다. 이 글은 나의 경험과 지식을 토대로 만들어낸 하나의 생활 길잡이일 뿐, 인생의 정답이라고 할 수는 없다. 다만 당신의 삶의 길을 만들어 가는 데 도움이 될 수는 있을 것이다.

# 2

## 꾸준하게 약점을 보완하라

자기 관리가 손님을 불러 모을 수 있다고 하면 도대체 무슨 관리를 하길래 손님을 모은다는 말인가 싶은 것이다. '시간 관리 도구를 잘 사용하면 목표를 잘 쓰고, 운동을 열심히 하면 부자가 될 수 있다는 말인가?' 하는 의문도 들 것이다. 굉장히 손쉬운 손님을 불러 모으는 방법을 알려주겠다.

우선, 당신의 롤모델을 정하라. 얼마나 많은 손님이 오길 바라는가? 당신의 업종이 무엇이든 롤모델이 되는 가게를 정하라. 요즘에는 방송에도 수많은 업장이 소개된다. 검색창에 어느 프로그램에서 방영한 맛집인가 검색하면 수많은 블로그가 보인다. 그곳에 가서 음식을 시키고 당신이 손님으로써 탐색할 수 있는 모든 정보를 모아라. 매장의 입지, 인테리어, 메뉴, 직원의 서비스, 음식, 가격, 조명, 좌석, 그릇과 컵, 사용하는 술, 앞치마, 방석까지 어떤 요소 때문에 사람들이 이 업장을 좋아하고 찾아오게 되는지 살펴라. 혼자서 방문하기보다는 일행을 만들어 함께 가자. 그리고 그들의 의견을 듣자.

매체에 소개된 맛집에 가면 대부분은 확실히 손님이 많은 이유가 있다. 몇 가지라도 좋다. 당신이 감지할 수 있는 것을 기억하라. 사진으로 찍고 기록하라. 롤모델로 삼을 곳을 다 살펴본 후 당신의 업장으로 돌아오라. 맛집과 당신의 업장은 어떤 점이 다른지 객관적으로 살펴보자. 당신이 생각하기에 더 나은 점은 무엇이고 부족한 점은 무엇인가. 당신의 업장과 맛집의 가장 큰 차이가 무엇이라고 생각하는가? 함께 갔던 사람들과 충분히 의견을 나누어보자. 여기에서 발견되는 것들을 우선 적어라. 많이 발견할수록 당신에게 변화를 줄 수 있는 것이 많다는 것이다. 그것은 발전할 가능성도 손님을 만족시킬 가능성도 크다는 것이다. 가능한 많은 요소를 적고 기록하라. 만약 입지와 같이 지금 당장 바꿀 수 없는 요소가 있더라도 일단 적어라. 변화 불가능한 요소부터 지금 당장에라도 바꿀 수 있는 요소까지 세세하게 적어라. 이것이 당신 업장의 장단기 목표가 될 것이다.

이렇게 소문난 업장을 정해긴 기간에 한 번씩 찾아가서 당신의 업장과 비교한 내용을 나열하라. 많은 곳을 가면 갈수록 당신의 비교 업장 리스트가 늘어나게 되고, 당신의 안목은 높아질 것이다. 너무 쉽고 당연한 이야기를 하는 그것으로 보이지만, 실제로 이 비교를 꾸준히 하는 사람은 별로 없다. 그 이유는 '질렸기' 때문이다. 누구라도 매일 먹고 만지는 음식을 또 가서 먹고 싶지 않을 것이다. 또 하나의 이유는 '충분히 다 해봐서'이다. 그러나 이 두 가지 이유가 얼마나 자신의 능력을 정체시키는지 알아야 한다. 더 이상 내 입에 맛있고 내가 좋아하는 음식을 파는 것으로는 충분하지 않다. 손님을 끌어오려면 손님이 원하는 음식을 만들 수 있어야 하는데, 이미 잘 알고 있다는 자만심에 맛과 서비스가 정체되어 있다면 그 업장의 발전을 기대하는 것이 언어도단이다. 요식업을 하시는 분들을 보면 매출이 오르지 않는다고 푸념을 하면서도 정작 자신의 종목은 너무 많이 먹어봐서 쳐다보지도 않는다는 사장님도 있었다.

### ◎ 유행에 뒤처진 J사장님

T갈빗집의 J사장님은 숯불갈비의 대가이다. 고기와 양념을 직접 만들고, 제작 납품도 하며 제조와 도소매를 모두 하고 있다. 직접 제조와 도소매까지 맡고 있으니 어려운 숯불갈비 시장에서도 여전히 경쟁력을 가지고 있기도 하다. 그런데 최근 1, 2년간 회사의 매출이 하락했다. 경제가 어려우니 당연히 그럴 수 있다고 생각하겠지만, 문제는 거래처의 컴플레인에도 크게 반응하지 않는다는 점이었다.

정통 숯불갈비의 맛으로 제조를 하다 보니 양념에서 트렌드가 되는 맛을 잘 느낄 수 없었다. 자극적으로 맵고 짜던 것에 익숙해져 있던 J사장님은 '단맛'을 추구하는 요즘 세대의 입맛을 이해할 수 없었던 것이다. 거래처에서는 계속해서 요구했지만 단맛으로의 전환이 쉽지 않았다. 양념을 바꾸는 게 어려운 게 아니라 자신의 입맛을 바꾸는 게 어려웠다. '내 입에는 매운 게 맛있는데 왜 사람들은 단맛을 더 찾지? 단 건 맛이 없는데 말이야'라며 시장의 변화를 수용하지 않았다. 지금은 수요의 차이가 크지 않아서 아직 양념의 비율에 변화를 못 느끼고 있지만, 판도가 바뀌었다는 것을 감지하지 못하고, 수용하지 못하는 모습을 알 수 있었다.

어떻게 느끼는가? 위의 회사는 망하거나 위기에 몰리지는 않았다. 단지 약간의 매출 변화가 있을 뿐이다. 얼마나 민감하게 움직일 수 있을까? 이것이 잠시 지나가는 유행일까 아니면 입맛이 변해가는 추세일까? 이런 것을 감지하려면 사람들이 많이 찾는, 소위 인기 있다고 말하는 음식이 어떻게 변하고 있는지를 볼 필요가 있다.

눈여겨봐야 할 시장의 변화가 하나 있다. 소주의 도수가 내려가고 있다. 이것은 무얼 의미할까? 여기서 깊은 이야기까지 할 수는 없겠지만, 적어도 덜 취하는 술이 팔리고 있다는 것은 확실하다. 점점 도수가 내려가고 있는데 1996년 진로 그린의 도수는 25도였다. 10년 뒤인 2006년에 출시된 처음처럼은 20도였다. 2012년에 출시된 처음처럼, 참이슬 후레시는 19.5도가 되었고, 2018년 참이슬 프레시의 도수는 17.2도이다. 누군가는 원가 절감을 위해 도수를 낮춘 거라며 주조회사를 탓하기도 하지만, 시장에서는 '약한 술'의 판매가 상승을 이어가고 있다.

여성의 사회참여 증대와 술의 대중화가 도수의 변화를 이끌었다고 말하는 사람들도 있으나, 우리에게는 그런 의미는 그렇게 중요하지 않다. 여기서 우리가 가장 관심을 가져야 할 것은 낮은 도수의 술과 가장 잘 어울리는 음식은 어떤 맛인가 하는 것이다. 일주일에 한 번씩, 당신 업종의 맛집을 순회하라. 술과 함께 음식을 맛보고 그 전체를 기록하라. 한 달이면 4회의 결과 리포트가 나오고 6개월이면 24회의 리포트를 얻을 수 있다. 이 정도 분석을 마치고 나서도 당신의 맛을 개선할 수 없다면, 당신은 고집쟁이 이거나 아니면 맛을 만들어내는 것에 재능이 없는 것일지도 모른다. '내가 생각하는 맛 좋은 음식'과 '대중에게 인기 있는 맛좋은 음식'이 다를 수 있다는 점을 염두에 두자. 사람들이 찾고, 원하는 맛이 무엇인지 기록하라. 이것이 손님을 모으는 자기 관리가 될 것이다.

또 한 가지, 커피를 예시로 들어보겠다. 이제는 아주 작은 동네라고 해도 몇 개씩 카페를 볼 수가 있다. 입지에 상관없이, 규모에 상관없이 카페는 계속해서 늘어나고 있다. 물론 많이 개업하는 만큼 폐업하는 곳도 많다. 그렇다 할지라도 다른 업종과 비교해서 저렴한 비용으로 시작할 수 있다는 점과 손익분기가 그리 높지 않은 종목이라는 점 때문에 많은 이들이 쉽게 카페를 차린다.

물론 아무리 작은 곳에서 별 것 없이 시작하는 카페라 할지라도 자동차 몇 대 값은 우습다. 카페를 차리고 싶은 예비 사장님들이 있다면 묻고 싶다. 얼마나 많은 카페를 다녀보았는가? 내가 커피를 마시고 분위기를 누리러 가는 것 말고, 탐색과 조사를 위해 카페를 방문한 횟수 말이다. 치열한 레드오션인 만큼 준비를 더 많이 한 쪽이 승산이 있다. 프랜차이즈를 얻지 않는 이상, 레시피나 인테리어까지 모두 본인이 선택해야 하는데 당신은 얼마나 준비가 되어 있는가? 카페를 오픈하고 나면 당분간은 다른 곳을 갈 수가 없다. 처음부터 직원들을 고용하고 나는 수금만 하겠다는 전략을 사용할 수 있을 만큼 자금이 충분히 마련된 경험자라면 몰라도 말이다. 창업하기 이전에 '카페 노트'부터 작성하길 바란다. 카페 노트란 앞에서 말한 것과 마찬가지로 리포팅을 해놓은 노트를 말하는 것이다. 하지만 일반 음식점과 다르게 카페는 더 많은 곳을 다녀야 한다. 그만큼 진입 장벽이 낮고 많은 수가 이미 포진하고 있기 때문이다. 한때는 편의점 공화국이던 대한민국이 치킨집 공화국이 되었다가 이제는 카페 공화국이 되었다.

공포심을 심거나, 사업을 하지 말라는 것이 아니다. 다만 그만큼 발품을 팔아야 한다는 걸 이야기 하고 싶다. 당신이 카페를 창업하겠다면, 적어도 100군데를 찾아가 리포팅해보길 추천한다. 너무 가혹하다고 말할 수 있다. 확실하게 말할 수 있는 것은 당신이 많은 카페를 기록할수록 당신에게 더 좋은 아이디어들이 많이 쌓인다는 것이다.

100군데의 카페를 리포팅하면 창업뿐만이 아니라 컨설팅을 할 수도 있다. 흘러간 유행과 현재 가장 인기를 누리는 개념들 메뉴들을 알 수 있고, 앞으로 인기를 얻게 될 메뉴 또한 예상해 볼 수 있다. 당신은 몇 군데의 카페를 리포팅해보았는가? 단순히 가보고 맛보는 것으로 그치지 말라. 기록하고 정리하라. 그리고 비교하라. 8~10가지 항목을 표로 만들어 두고 점수를 매기며 다른 카페와 비교를 하라. 감상평을 간단하게 문장으로 남겨라. 다른 사람들이 말하는 카페의 특징과 당신이 느낀 것들을 함께 적어라.

처음에는 귀찮고 어렵다. 처음이 다 그렇듯 작성하는 데 시간이 오래 걸린다. 그렇게 열 군데를 넘어서면 기록이 손쉬워진다. 오히려 나의 전문성 있는 코멘트들이 늘어난다. 50군데가 넘으면 사실 도사가 된다. 그런데도 100군데를 채우라고 하는 이유는 '습관'을 만들기 위해서이다. 습관도 실력이다. 계속해서 새로운 카페를 찾아보고 그곳에서 배울 것들을 남기는 습관을 갖다 보면 당신의 업장에는 손님이 마를 리가 없다. 내가 일을 더 열심히 하는 것보다 중요한 것은 새로운 것들을 배우고 적용하는 것이다.

아카데미나 클래스에서는 많은 돈을 주고 배워야 하는 노하우를 손님으로 간 그 카페에서는 친절히 베풀고 있다. 처음에는 눈에 잘 보이지 않지만 몇 군데 다녀보고 노하우를 찾겠다는 시각으로 카페를 바라보면 점점 눈에 들어온다. 그곳만의 특장점, 당신이 익히고 얻어서 돌아가야 할 것들 말이다. 지금 당장 수첩을 들고 카페로 가라. 1시간 안에 눈에 들어오는 것들을 모두 적어라. 100번째 카페 리포팅을 마쳤을 때 당신은 나에게 커다랗게 감사 표시를 하지 않고는 못 배길 것이다. 이 점은 내가 장담한다.

컨설팅을 할 때면 "엄청 특별한 자기 관리라는 것은 사실 없다"고 말한다. '자신이 해야 할 일을 꾸준히 하는 것'이 최고의 관리인 셈이다. 가장 중요한 것은 꾸준함이다. 자신이 잘하는 것을 꾸준히 노력하는 것도 자신의 약점을 계속 보완하는 것도 쉬운 일은 아니다. 하지만 그것을 해내는 사람이야말로 우리가 말하는 '성공'을 이룰 수 있다. 당신은 성공하고 싶은가? 가장 먼저 꾸준함을 갖추어라. 그러면 절반의 성공을 이룬 셈이다.

# 3

## 건강한 육체에 건강한 정신이 깃든다

    사장님이든 직원이든 누구에게나 운동은 필수를 넘어서서 절대로 빠지면 안 되는 것이라고 말하고 싶다. 운동이 삶의 질을 높이기 위한 필수적인 요소라는 것은 다들 알고 있겠지만, 그럼에도 불구하고 꾸준히 운동을 하는 사장님을 보기는 쉽지 않다. 그만큼 시간이 부족하기 때문이리라. 더군다나 고된 일을 마치고 규칙적으로 운동하러 가는 것도 쉽지 않다.

    이미 지칠 대로 지쳐 있는데다가 다른 일도 많은데 꾸준히 운동까지 하라고 하니, '운동은 일하면서 하는 것만으로도 충분해'라고 생각할 수도 있다. 이 글을 읽으시는 당신은 어떠한 부류인가? 일주일에 4회 이상 꾸준하게 하는 운동이 있는가? 아니면 일주일에 한 번이나 격주에 한 번씩 산을 오르거나, 조깅을 하는가? 아니면 계절에 한 번, 1년에 한두 번 운동할 기회가 있는 사람인가?

사람의 몸은 쓰면 쓸수록 발달한다. 두뇌와 마찬가지로 근육 또한 그렇다. 사용하지 않으면 퇴화한다. 관절과 인대와 같이 잘못된 운동을 계속해서 사용하면 망가지는 부위도 있다. 특히 식당에서 일하시는 분들은 모든 관절이 아프다. 손목과 팔꿈치, 어깨와 무릎은 심각하게 손상되어 있다. 요식업을 오랫동안 해온 사람이 가질 수 있는 일종의 직업병이다.

일하면서 병을 얻는 것을 대수롭지 않게 여기지 않는다면 다시 한번 생각해보길 바란다. 물론 몇십 년씩 일하면서 약해진 관절도 얻게 된 질병조차도 자신의 일부분이라고 여기며 조심조심 살 수도 있다. 많은 분이 칼을 잡으며 손목에 통증을 느끼고 있지만, 잠시 손목을 돌려 스트레칭을 하는 것과 손목밴드를 구매해서 고통을 잠시 넘기는 정도로 만족하며 계속해서 '연명'하는 삶을 살고 있지 않은가?

칼을 많이 만지는 축산업계에서는 손목과 손가락의 관절염은 떼려야 뗄 수 없는 고질병이다. 족발의 뼈를 제거해서 순살을 만드는 S미트에서는 돼지고기 다리 부분을 해체하는 작업을 주로 한다. 처음 온 사람들도 누구나 짧은 발골칼을 가지고 해동한 돼지 다리에서 고기와 뼈를 분리하는 해체작업을 진행한다. 숙련된 전문가들은 기술이 좋아서 속도도 빠르지만, 힘도 들이지 않고 작업을 진행한다. 몇 개의 뼈와 살덩이로 나누어진 돼지 다리는 몇 가지의 양념을 거친 뒤 삶아지고 뼈 없는 족발로 판매가 된다. 초보자는 칼을 잡는 것부터 고기와 뼈를 제거하고 먹을 수 있는 부위로 나누는 모든 행동이 손가락과 손바닥, 손목에 많은 무리를 가져온다. 하루만 해도 온몸이 저리고 쑤신다. 몇 주에서 한 달가량 지나야 본격적으로 생산이라고 할 수 있는 수준으로 성장한다. 그 과정을 거치는 동안은 계속 관절의 무리를 딛고 작업을 계속한다.

치료하게 되는 상황이 오지 않도록 예방을 하는 것이 가장 좋다. 이런 것은 삼척동자도 알 수 있다. 그렇지만 누구도 그렇게 행동하지 않는다. 다 알고 있지만 하지 않는 것이 얼마나 커다란 손해를 가져오는지 체감하지 못하기 때문이다. 시간마다 손목과 무릎, 허리 등을 풀어주는 스트레칭을 하는 것만으로도 큰 비용을 절감할 수 있게 된다.

가능하면 매일, 적어도 주 4회 이상 운동을 해야 한다. 운동의 종류는 무엇이어도 상관없지만, 주로 관절의 쌓인 독소들을 풀어주는 스트레칭과 심폐 기능을 최대로 활용하는 유산소 운동, 그리고 근육들을 계속해서 긴장시키고 발전시키는 웨이트 트레이닝을 꾸준히 해주어야 한다. 40대까지는 이 말을 쉽게 넘겨 버릴 수도 있다. 아직 건강하다고 느끼기 때문이다. 더 젊은 20~30대는 말할 것도 없다. 50대가 넘어가면 내 몸이 내 마음 같지 않고 피로가 쌓이는 것과 풀리는 속도가 역전이 되면서 걷잡을 수 없이 몸이 굳어지고 뻣뻣해진다는 것을 느끼게 된다. 이런 상황이 오면 사람들이 가장 많이 하는 것 행동 중의 하나가 사우나이다. 뜨거운 물이나 증기를 통해 혈액순환과 근육 관절들을 깨우고 풀어주는 것으로 운동을 대신한다. 정기적으로 사우나를 가는 것도 나쁘지 않은 방법이다. 하지만 어디까지나 임시방편일 뿐이다. 외부의 에너지를 이용해서 몸을 따뜻하게 하고 노폐물을 제거하는 방법은 근본적인 원인을 해결해주지는 않는다.

가장 좋은 방법은 내 안의 공장을 깨워서 직접 에너지를 연소하게 만드는 방법이다. 스스로 움직이고 땀을 내라. 숨차게 움직이고 관절이 허락하는 범위에서 격렬하게 움직여라. 물론 허리나 목, 특히 손목 등은 특별한 관리가 필요하다. 그 부분을 제외하고도 당신의 폐와 심장, 맑은 정신을 유지하기 위해서는 운동을 꾸준히 할 필요가 있다.

새로운 아이디어나 사고의 전환이 필요한가? 기억력 감퇴를 느끼는가? 당신이 몸을 '근로'에 사용하는 것 이상으로 '운동'을 해야 하는 이유다. 몸을 움직여서 일하는 것만으로도 기억력과 두뇌 개발에 좋은 영향을 미친다. 몸을 비교적 덜 움직이는 사무직군의 사람들과 요식업군을 비교하면 두뇌의 활성화가 다름을 알 수 있다. 온몸을 이용해서 일하고 특히 손을 더 많이 사용하는 요식업군의 사람들은 언어와 기억력 부분에서 더 나은 결과를 보인다. 당신의 두뇌를 신뢰하라. 조금만 손을 보면 당신은 아이디어 뱅크이자, 전자사전이 될 수 있다. 당신이 아이디어를 잘 떠올리지 못하거나 기억을 쉽게 잊는 이유는 두뇌의 문제가 아니라 자신은 머리를 쓰는 일을 하지 않아서 기억력이 나쁘다고 잘못 인식하고 있기 때문이다.

그래도 여전히 잘 잊는다고 느낀다면 정기적으로 산책하기를 추천한다. 수많은 철학자나 과학자, 음악가들이 자기 생각을 정리하고 사상을 정립한 것은 의자 위에서가 아니라 밖에서 걸을 때였다. 당신이 기억을 하고픈 게 있다면 우선 적어라. 시간 기록 도구에 기록하는 것을 추천하지만, 상황상 어렵다면 메모지도 좋고 스마트폰에 기록해도 좋다. 어딘가에 적어라. 누군가와 함께 걸으며 그날의 중요한 것들을 되짚어보는 것도 좋다. 대화를 통해서 하루를 정리하는 것 또한 좋은 방법이다.

감정을 정리할 수 있고 일과 또한 요약할 수 있다. 어떤 일을 겪으며, 어떠한 감정을 느꼈는지 함께 걷는 사람과 나누다 보면 그 사람과의 관계도 돈독해진다. 동료가 이웃에 산다면, 이 방법을 권해주고 싶다. 새로운 생각이 필요하다면 음악과 함께 걸어라. 어떤 장르여도 상관없지만 마음을 차분하게 해주는 음악이 가장 좋다. 나는 아이디어가 필요할 때마다 여러 가지 방법을 시도한다. 한 가지 방법으로만 새로운 생각을 찾다 보면 한계에 부딪히기 때문이다. 그럴 때면 걷거나 혹은 뛴다. 걸으며 친구와 대화하고, 논쟁을 벌인다. 그러다 보면 새로운 생각들이 나에게 찾아온다. 손님을 불러오는 방법을 더 찾고 싶다면 새로운 레시피와 메뉴들을 얻고 싶다면 방 밖으로 나가라.

가능하면 격렬한 운동을 하는 것이 좋다. 할 수 있는 범위에서 가장 격렬하게 운동하라. 60대의 사장님이 복싱이나 유도를 처음 접하는 것은 좋은 선택으로 보이진 않지만, 사이클이나 마라톤, 수영 등은 추천한다. 자신의 근육과 심폐 능력을 최대로 끌어올려 운동하라. 젊게 사는 비결은 거기에 있다. 우리의 몸이 격렬한 운동을 하게 되면 긴장 상태에 놓이게 된다. 처음에는 물집이 잡힐 수도 근육통이 올 수도 있다. 하지만 몸에 익숙해지는 때가 되면 이야기가 달라진다. 운동을 꾸준히 하는 사람은 운동을 쉬면 몸이 아프다고 한다. 꾸준한 운동은 나이가 들어도 유연한 몸을 갖게 해주고, 흘리는 땀을 통해 탄탄한 피부를 유지하게 시켜준다. 게다가 튼튼한 몸은 피로를 덜 느끼게 하고 회복도 빠르다. 내가 만나 본 사장님들은 하나같이 직업병들을 가지고 있었다. 그 직업병이 그들에게는 훈장이기도 했고, 자신의 한계를 나타내기도 했다. 한 발자국 더 성장하기 위해 가장 필요한 것은 내 육체가 버텨주는 것이다. 나이가 들어갈수록 반박하기 어려운 말이라고 생각한다.

시대가 변해간다. 백세 인생이라는 말이 대중화되었고, 머지않아 120세까지 살 것이며, 어떤 학자는 죽지 않는 세대가 나올 것이라고도 한다. 그런데 침대 위에서 30년을 살게 된다면, 병에 걸려 대소변을 받아내는 신세로 노년을 맞이한다면 얼마나 비참할 것인가. 몸에 있는 장기들이 서서히 기능이 떨어지고 있다고 느끼는가? 피로가 잘 풀리지 않고 혈액순환이 잘 안 되며 붓기가 잘 빠지지 않고 다치면 낫는 속도가 더디어지는가? 당신에게는 충분한 운동이 필요하다. 오래 사는 것을 대비해서 운동하는 것 또한 중요하다. 요식업에 종사하는 이들뿐만 아니라, 은퇴하더라도 계속해서 무언가 일을 하고 또 배우며 살아가게 될 첫 번째 세대가 지금의 기성세대들이기 때문이다.

운동을 열심히 하라. 격렬하게 그리고 꾸준히 운동하라. 너무 당연한 소리일 수 있다. 앞에서 이야기한 내용을 모르는 사람은 많지 않을 것이다. 그럼에도 불구하고 여기서 다시 이야기하는 것은 머리로는 알아도 실천하고 있지 않기 때문이다. 우리에게는 실행력이 필요하다. 필요성을 인식하고 시간을 정해서 꾸준하게 해내는 실행력 말이다.

판매나 서빙과 같이 당장에 돈과 교환되는 가치들은 쉽게 행동으로 이어진다. 운동은 어떠한가? 사실상 미래 가치다. 지금 내가 스쿼트를 30개 했다고 내 잔액에 돈이 쌓이는 것은 아니다. 하지만 조금 멀리 내다보면 생각이 달라질 수 있다. 하루 100개씩 스쿼트를 꾸준히 한다고 가정해보자. 100개를 하는 데 걸리는 시간은 숙련자의 경우 10분 내외이다. 하루에 10분을 평생에 스쿼트에 투자한다면, 당신은 절대로 꼬부랑 할아버지 할머니가 되지 않는다. 더 나이가 들어서도 일을 할 수 있고 소득을 새로 마련할 수 있으며, 더 늙어서까지 여행을 다닐 수 있다. 운동은 당장의 이득을 보여주지는 않지만 시간이 지날수록 그 가치가 드러난다. 아주 커다란 의료비와 맞바꿀 수 있고, 노년까지 더 많은 것을 보고 맛볼 기회를 제공한다. 시간이 나서 운동을 하는 것이 아니라, 시간을 내서 운동해야 한다. 성공하고 싶다면 지금부터 운동하시라. 절대로 손해 보는 투자가 아님은 충분히 증명되어 있다.

# 사람을 끌어당기는 에너지 넘치는 삶

자기 관리의 가장 커다란 장점은 '나'에서 시작되어서 '남'에게 영향을 미친다는 점이다. 자기 관리를 꾸준하게 하는 사람들은 주변의 사람들이 그들의 노력과 절제 그리고 추구하고자 하는 바를 인정하게 된다. 시간 관리를 하다 보니 그게 재밌어서 계속하는 사람은 거의 없다. 시간을 아껴서 사용하고 효율을 얻기 위해서 조금 더 나은 삶을 살기 위해서 발버둥을 치는 것이다.

꾸준하게 시간 관리 도구를 사용해본 사람은 알 수 있는 점인데, 아무리 바쁘고 열심히 사는 사람이라 해도 사람은 로봇이 아니기에 낭비되는 시간이 여전히 존재한다. 자신의 시간을 조금 더 효율적으로 사용하는 방법을 찾아본다면 계속 찾을 수 있다. 쉬는 시간 빼고 모두 일만 하는 것도 비효율의 삶이고 잠자는 시간이 너무 부족해서 피곤을 이길 수 없다면, 짧은 시간을 자더라도 깊은 잠을 자는 방법과 일하는 시간

내에 도중에 시간을 내서 쪽잠을 자는 방법 등 시간을 활용해서 나의 삶의 효율을 높이는 방법은 매우 많다.

자기 삶을 계속해서 변화시키고 너 나아지도록 노력하고 행동하는 사람들에게는 특징이 있다. 바로 '에너지'가 넘치는 삶을 살고 있다는 것이다. 결과물이 당장에 어떻게 나올지는 몰라도 자기 삶에 목적과 목표를 향해 가고 있는 사람은 에너지가 넘치는 삶을 산다. 시간 관리를 한다는 것은 인생의 목적과 그 길을 가는 목표들을 설정해두는 것이라고 앞서 말했다. 분명한 계획을 가지고 사는 사람은 자기 삶의 속도라는 것이 존재한다. 이 속도를 만들어주는 재료가 '에너지', '긍정적인 마음가짐', '분명한 목표 의식'이라고 말할 수 있다.

계획을 세우면서 누구도 자기 자신의 능력을 벗어난 일들을 인생의 계획에 넣지 않는다. '내가 40살이 될 때쯤 어느 귀인을 만나서 나에게 2억을 투자할 거야. 그러니깐 그때에는 가게를 확장해야겠어'라고 계획하지 않는다는 것이다. 그나마 부모나 가족, 친구들에게 자신을 도울 재산이 있다면 '나의 사업에 도와주지 않을까?' 하고 생각할 수는 있지만 '무조건 나를 돕는다'고 단정할 수 없다. 삶이 내 생각대로 안 되는 것은 당연하다는 것을 모두가 알 것이다. 그래서 우리는 인생의 계획에 요행을 넣지 않는다.

당신이 인생의 계획을 세워두고 목적지를 향해 열심히 달리다 보면 '도움을 주는 사람들'이 꼭 찾아온다. 이들은 돈으로 돕기도 하고, 마음을 위로해주면서 새롭게 힘을 주기도 하고, 일손을 돕기도 한다. 어떠한 대가를 바라지 않고 도와주는 사람들 말이다. 한번 생각해보자. 당신이 자주 가는 식당의 사장님을 보니 자신의 목표도 분명하고 시간 관리를 하면서 꾸준하게 운동도 하고 중독의 가능성이 있는 것들을 절제 혹은 완전히 끊으며 살고 있다. 게다가 충만한 삶의 '에너지'가 느껴진다면 당신은 그 사람과 가까이 지내겠는가, 멀리하겠는가?

사람은 자기와 같은 부류의 사람들에게 끌리게 되어 있다. 누군가가 당신의 업종에 도전하려 한다는 것만 알게 되어도 해주고 싶은 이야기가 너무 많아질 것이다. 어떻게 하면 더 잘 할 수 있을지, 내 잘못이 무엇이었는지, 앞으로의 업계는 어떻게 될지에 대한 당신의 노하우가 계속 나올 것이다. 그 사람이 당신의 직접적인 경쟁자가 아니라면 말이다. 바로 옆 건물에 당신과 같은 종목이 들어오는 사람이 아닌 이상에야 관심을 두고 지켜보게 된다. 이걸 반대로 생각해본다면 당신이 자기 관리를 다양한 방면에서 꾸준하게 실행하고 있는 사람이라면, 그에 관심이 있고 재능이 있는 사람들이 모여들게 된다.

당신은 그들로부터 여러 가지 다양한 도움을 얻게 된다. 그들이 가진 자기 관리 비법, 그들의 노하우를 공유하게 된다. 자기 관리 비법을 공유하는 것은 나누어주는 사람에게는 커다란 손실은 아니지만 얻는 사람에게는 큰 선물이다. 관리를 하지 않는 사람들에게 그런 노하우는 그들이 사는 방식에 불과하다. '왜 시간을 저렇게까지 쪼개면서 적고 살지?' '술 마실 시간 버려가면서 운동을 하는 게 무슨 낙이 있지?' '목적을 세워 봐야 어차피 안 될 텐데 왜 그렇게 아등바등 살지?'라고 생각하고 그들이 전해주는 노하우들에는 관심이 없다. 그들이 관심을 두는 것은 돈뿐이다. 그렇게 살아서 얼마나 더 벌었는가가 중요한 것이다. 설령 수익의 증가 폭을 알려주어도 이솝우화의 '신 포도' 이야기처럼 그것을 비난할 뿐 자신의 노선을 바꾸려는 사람은 흔하지 않다.

◎ 여우와 포도

굶주린 여우가 잘 익은 포도송이가 주렁주렁 매달려 있는 포도나무를 보았다. 여우는 갖은 수단을 다해 포도송이를 따먹으려고 시도해봤지만 모두 헛수고였다. 포도송이는 여우가 도저히 닿을 수 없는 높은 시렁 위에 매달려 있었기 때문이었다. 결국 여우는 허탈한 실망감을 감추고 마음을 바꾸었다. 그리곤 중얼거렸다.

"저 포도는 내가 먹을 수 있을 만큼 익지 않은 시어빠진 포도야."

모든 노력을 다했던 여우이지만 포도를 먹지 못했다는 것만은 분명하다. 내가 말하는 것은 여러 가지 시도를 해보고 결과를 맺지 못하게 되자 자기합리화를 한 사람들이다. 결코 아무것도 하지 않았다는 것이 아니다. '자기 관리'는 시도와 포기 사이에서 시도를 계속 반복하는 것이다. 시간을 기록하는 것이 당장에 매출을 올려주지 않는다. 오늘 운동을 하는 것이 나의 건강에 눈에 띄는 변화를 주지 않는다. 그래도 시도하는 것이다. 한순간에 변하는 것들은 관리하지 않는다. 우리 인생에 그렇게 한순간에 터지는 대박은 그다지 존재하지 않는다. 실패처럼 보이거나, 만족할 만한 결과물들이 없어 보여도 계속해서 유지하고 될 것이라고 믿고 길을 걸어야만 하는 경우가 대부분이다.

이런 삶의 특징은 지루하다는 것이다. 그래서 주변으로부터 비난과 조롱을 받기도 한다. 당신을 비난하고 조롱하는 사람들로부터 관심을 거두어라. 당신이 관심을 가져야 할 사람들은 당신의 '관리 하는 삶'을 눈여겨보는 사람들이다. 조력자가 될 사람이다. 당신이 하는 관리들은 일반적이지 않은 노력이다. 다른 이들이 '더 많이 팔면 그만'이라고 생각할 때 당신은 더 멀리 더 분명하게 자신의 인생을 그려라. 당신의 남다른 모습을 보고 찾아오는 사람들은 당신에게 큰 도움이 된다는 것을 알아야 한다.

대기업이나 금융업계 종사자처럼 뭔가 많이 배운 사람들이나 하는 것 같은 관리를 작은 식당을 운영하거나 준비 중인 내가 해서 달라질 것이 무엇이 있겠냐고 생각한다면, 나는 당신에게 커다란 기업을 운영할 꿈을 가져보라고 말해주고 싶다. 당신은 절대 작지 않고 당신 주변에서 돕는 사람들과 함께 일을 도모한다면 커다란 꿈을 이룰 수 있다고 말해주고 싶다.

세계적 기업 혼다의 창업자 혼다 소이치로도 아주 작은 공간에서 누구도 거들떠보지 않는 환경에서부터 시작했다. 수없이 많은 시련을 거쳤다. 하지만 세계대전을 설치면서 전 일본이 파괴되는 와중에도 그는 꿈을 접지 않았다. 그 결과 혼다는 오토바이와 자동차를 생산하는 세계적인 기업이 되었다. KFC도 마찬가지다. 매장 앞에 흰 양복을 입은 할아버지, 할란드 데이비스 샌더스의 이야기 또한 마찬가지이다. 자신의 닭요리법을 식당에 전해주고 돈을 받고 싶었던 샌더스는 식당에서 1,008번의 거절을 당했다. 불굴의 의지였다. 우리는 몇 번을 거절당하면 포기할까? 당신은 100번을 거절당해본 적이 있는가? 100번이나 거절당했는데도 계속해서 도전하는 것은 보통 정신으로 할 수 있는 것이 아니다. 그런데 그는 1,008번이나 거절을 당했다. 하루에 한 번 거절당했다면 3년에 가까운 시간이다.

포도를 먹으려던 여우가 1,000번을 도전했더라면, 당신이 분명한 목표를 가지고 포기하지 않고 계속 도전했더라면 당신이 꿈꾸는 것들을 충분히 이루었을 것이다. 그러나 관리하지 않는다면 우리는 탈진하기 쉽다. 반대로 지속적이고 꾸준하게 관리했다면 목표를 더 일찍 이루었을지도 모르는 일이다.

자기 관리를 하는 사람은 매력적이다. 건강과 몸매 관리만을 이야기하는 것이 아니다. 물론 아름답고 강인한 육체를 지니고 있다는 것만으로도 커다란 매력이 된다. 매력이란 결국 사람을 모으는 힘이다. 당신을 좋아하는 사람이 생긴다. 당신을 도울 사람이 다가온다.

여러 가지로 당신을 관리하라. 건강과 시간, 목표를 관리하라. 당신에게 어느새 많은 사람이 관심을 가지며 지켜보고 배우려 하는 사람들이 생기게 될 것이다. 당신을 도와줄 사람을 찾으려 나서는 시간과 에너지를 아낄 방법이다. 자신을 관리하라. 매력을 높여라. 자신의 자리에서 열심히 일하는 사람의 모습은 멋지다. 하지만 자신의 일을 열심히 하는 사람은 많다. 그 이상으로 돋보이는 매력이 없다는 것이다. 몸을 탄탄하게 만들고, 시간을 기록하고, 당신의 목적을 세워라. 만나는 사람에게 계속 이야기하고 아름다운 미래를 함께 공유하라. 당신의 팬이 생겨날 것이다. 그것만으로도 정말 커다란 위안과 새로운 힘이 된다.

수없이 큰 노력을 하라고 말하는 중론의 이야기를 오늘날 우리 시대에 맞게 재해석했으면 좋겠다. 자기 관리는 꾸준함이고 멈추지 않음이며 성실함을 나타낸다. 포기하고 싶을 만큼 힘들 때도 자기 관리로 다시 이겨낼 힘을 얻을 수 있다. 계속할 수 있는 힘도 결국 자기 관리에서 나오는 셈이다. 무한한 동력이 필요하다면, 새로운 에너지가 필요한 시점이라면, 지금 자기 관리에 더 투자해야 한다.

# 5

## 단 5주만 투자하면 미래가 바뀐다

    당신의 취미는 무엇인가? 취미라고 정하면 다양한 이야기들이 나올 수 있으니까 정정해보겠다. 당신은 시간이 남으면 무엇을 하는가? 쉬고 있는 시간, 남는 시간에 무엇을 하는가? 요식업 사장님들은 주로 잠을 잔다고 했다. 일주일에 몇 시간만이라도 푹 쉬고 싶다는 분들이 많았다. 그 외에는 영화 관람, 텔레비전 시청, 그도 아니면 스마트폰을 보는 것 등이 있었다. 의도를 가지지 않으면 대부분의 사람은 남는 시간을 무의미하게 소모하는 경우가 많다.

    자기 관리를 5주만 지속해보라. 생각해보면 너무 긴 시간이다. 다른 책에서는 2주면 몸에 익고, 3주면 습관이 된다고 하는데, 5주라니? 5주면 무려 35일이다. 그렇게 길게 해야 한다는 것 자체가 스트레스로 작용한다. 내가 하고 싶은 말은 며칠만 하고 그만둘 관리를 이야기하는 게 아니다. 우리가 관리하기로 마음먹었으면 이것은 평생 가져가야 할 습관이다. 시간 관리를 1년만 하고 그만할 것인가, 아니면 평생을 가져가며 내 시간을 알차고 의미 있게 사용할 것인가? 잠자는 시간을 줄이며 내가 누릴 시간을 포기해 가며 자기 관리를 하는 것은 사실 굉장히 괴로운 일이다. 익숙해지려면 시간이 걸리고 습관이 되려면 더더욱 오래 걸린다. 5주, 35일을 적어 놓은 것은 사업자에게 가장 작은 단위 기간이 월간이기 때문이다.

우리는 건물 임대료를 월간으로 낸다. 재료의 수금 일자가 보통 월말이다. 물론 14일 결재인 곳도 있지만, 월말 결재가 훨씬 많다. 월급을 주는 것도 월 단위이다. 이처럼 우리나라 사람들이 경각심을 지니는 가장 작은 시간 단위는 월이다. 한 주가 지났다고 긴장의 고삐를 다시 쥐는 사람은 많지 않다. 하지만 새로운 월을 맞이하게 되면 모든 게 새롭게 0에서부터 출발하도록 세팅이 되어 있는 곳이 많기에 그런 감정의 최소 단위를 '월'로 보는 사람들이 많다. 그렇다면 우리는 1개월가량 집중해야 한다. 한 달을 꾸준하게 기록하고 마음을 다잡고 관리하는 습관을 갖는 것이다. 운동은 21일, 기록은 14일과 같이 몸에 익숙해지는 시간이 있다. 우리는 사업자이거나 사업자를 준비하는 사람들이다. 우리에게는 1개월이 가장 기초가 되는 단위이다. 그것보다 짧으면 잠시 스쳐 지나가는 좋았거나 불편했던 기억으로 남을 수도 있다. 이 점을 염두에 두며 5주간 자기 관리를 내 삶에 녹여보도록 하자.

물론 5주가 지났다고 해서 모든 관리가 완전히 몸에 다 배어버리지는 않는다. 당신이 원하던 관리의 부분이었다면 그 이전에 이미 몸에 배어 있을 수도 있지만 억지로 하는 관리의 분야라면 5주는커녕 몇 개월이 지나도 여전히 습관이 되어 있지 않을 수도 있다. 습관이 온전히 자리 잡아 '무의식'의 영역으로 넘어가는 것은 쉽지 않다. 그렇다고 관리를 잘하기 위해 명상이나 사고 훈련을 하는 것은 추천하지 않는다. 그렇게까지 하기엔 우리에게 시간이 너무 부족하다. 관리는 그냥 하는 것이다. 좀 더 나쁘게 말하자면 '억지'로 하는 것이다. 물론 재미를 느낄 수 있다면 더 좋다. 내가 좋아하는 운동을 선택한다면 훨씬 수월하게 할수 있고 능률도 높아진다. 하지만 운동에는 슬럼프가 온다. 재미가 없어지고 흥미가 떨어지게 되는 시기가 반드시 오게 되어 있다. 그때에는 습관이 몸에 배어 있다 한들 하기 싫어지는 것은 똑같다.

'억지'라는 표현이 과격하다고 느껴질 수 있지만 이해해주길 바란다. 하지만 그 말이 맞다. 어느 시점이 지나면 우리는 억지로 운동을 하고 있어야 한다. 재미와 흥미를 넘어서서 비즈니스를 위해서 그렇다. 단순히 재미를 위해서가 아니라 몸을 관리해야 하는 이유가 본인에게 분명하게 각인되어 있다면, 슬럼프가 오는 시점에도 체육복을 입고 운동화를 신게 된다. 관리는 새로운 것에 대한 즐거움을 넘어서서 '필요하기에' 반드시 해야 하는 영역으로 넘어가야 안심할 수 있다.

그러한 영역을 넘어가면 어느 샌가 운동을 하지 않을 때 오는 신체적 불편함을 느낀다. 근육 운동을 꾸준히 해오던 사람이 한두 번 정도 운동을 쉬게 되면 몸에 이상 신호가 온다. 근육이 아프기 시작하고 몸이 뒤틀리며 균형이 깨진다. 그래서 다시 운동을 하게 된다. 이쯤 되면 습관이 되었다고 말할 수 있다. 운동이 '취미'에서 '필수'가 되는 지점이다. 사람마다 신체가 다르고 시기가 다르므로 그때가 언제 올 것이라고 단정하기는 어렵다. 운동의 종목마다 슬럼프가 오는 시기도 다르고, 몸에 익숙해지는 시기도 다르기 때문이다. 단지, 그런 몸으로 바뀔 때까지 운동하는 습관을 유지하라고 말하고 싶다.

시간 관리 역시 마찬가지다. 다이어리든 플래너든 바인더든 무엇이든 상관없이 시간 관리 도구를 처음 사용하는 사람들은 재미를 느낀다. 시간을 적어보고 나의 시간을 확인하고 계획한다는 것에 신선함을 느낀다. 아마도 시간의 지배자가 되는 것처럼 느껴지기 때문일 것이다. 그렇지만 2주, 3주가 넘어가면 곧 슬럼프를 맞이한다. 시간 관리에 시간을 쏟는 것 자체가 쉽지가 않다는 것을 알게 된 것이다. 아무리 짧은 시간을 들여 시간을 관리해도 여전히 나에게 피로감을 더하는 과정이기에 시간 관리 도구를 덮고 빨리 쉬고 싶은 생각이 더 많이 든다. 그렇게 하루를 빼먹게 되면 보통은 강박감이 더해진다. 잘 써오다가 하루가 빠지게 되면 불안함을 느끼기 때문이다. 이런 불안함을 한 번 더 경험하게 되면 그때는 쉽게 무너져버린다. 페이지를 펼치는 것에 대한 거부감이 생긴다.

그러고 나면 한동안 시간 관리 도구를 잊고 지낸다. 그렇게 영영 다시 만나지 않는 사람도 많고, 그 과정을 공유하는 사람들 넉분에 다시 펼치게 되는 사람도 있다. 중요한 것은 지나간 시간은 지나간 대로 남겨 두는 것이다. 우리가 수십 년을 기록하지 않은 채 살아왔는데 그중에 하루는 별거 아니라고 생각하며 다시 평정심을 갖아야 한다. 월, 수, 금을 기록하고 화, 목, 토, 일을 건너뛴다고 해도 기록하지 않은 날보다 기록한 날짜가 훨씬 가치 있는 것이다.

일주일에 하루라도 좋으니 포기하지 않는 게 더 중요하다는 마음을 지녀야 한다. 물론 습관이 들지 않은 상태에서 이런 슬럼프를 맞이하게 되면 좋은 습관으로 자리매김하기는 쉽지 않다. 일주일 내내 시간 관리 도구와 씨름을 하기가 쉽지 않은 것이다. 앞에서도 말했지만 '억지'가 필요하다. 억지로 기록하는 것이다. 시간 관리 도구의 특징은 슬럼프가 시도 때도 없이 온다는 것이다. 6개월 동안 잘 쓰다가도 갑자기 그분이 오신다. 그러면 건너뛰게 되는 날도 있고 며칠간 공백을 두기도 한다. 그렇기에 더더욱 평정심을 잃지 않는 것이 중요하다.

5주를 매일 기록하는 것을 목표로 두고 목표를 이루었을 때 자신에게 작은 보상을 주자. 보상을 통해 동기를 부여하면 더 나은 성과를 이룰 수 있다. 5주, 35일, 한 달을 꾸준히 시간 관리 도구를 사용하여 자신과 업장을 관리하게 된다면, 새로운 것들을 눈에 볼 수 있다. 새로운 상황, 그때의 감정, 내가 만난 사람, 쉴 때 나의 패턴 등을 통해서 나는 어떤 사람이고 내가 시간을 어떻게 쓰는지 눈에 보인다. 이것을 월간으로 정산할 수 있다면, 비즈니스 측면에서 분명한 성장의 해답을 찾을 수 있다.

무슨 습관이든지 해야만 하는 것, 했더니 너무 좋아서 의지를 갖추고 하게 되는 것으로 만들면 그 뒤로는 슬럼프가 찾아올 때 의식적으로 나의 의지를 이용해서 극복하게 된다. '이것을 해야 하는 이유가 있기에 포기할 수 없다'가 되어버리면 공백을 더 줄이게 된다. 내가 컨설팅하는 많은 사장님에게 하는 말이 있다. '이것이 돈이라면 놓치겠습니까'이다. 물론 그 돈 버느니 쉬는 게 낫다고 말씀하시는 사장님도 더러 있었다. 그만큼의 여유가 있는 분이라면 추천하지 않겠다. 하지만 꾸준한 관리는 돈이 새어나가는 것을 막아주고 새롭게 돈을 벌 기회를 가져다준다는 것을 기억하라.

목표 관리 또한 마찬가지다. 인생의 목적을 설정하는 시트를 기록하는 데 2시간에서 3시간 정도 걸린다. 그리고 하루에 한 번씩 읽으면서 마음을 다잡는 데 5~10분 정도가 걸린다. 이게 뭐 돈을 가져다주느냐고 당장 반문하는 분들을 많이 보았다. 그럴 때 나는 '당신의 인생 달리기는 마라톤입니까, 10킬로미터입니까, 500미터입니까, 100미터입니까? 종착지를 알지 못하고 뛰는 사람에게 달릴 힘이 생길 수 있을까요? 어디를 향해 가는지 모르는데 불안감을 느끼는 않는 사람이 있을까요?'라고 많이 질문한다.

사업장에 대한 정확한 목표, 그리고 자신의 인생에 대한 분명한 목표를 가진 사람은 그렇지 않은 사람과 다른 인생을 살게 된다. 모두 알고 있다. 단지 실행하지 않을 뿐이다. 연간, 월간, 일간 목표들을 설정해 두고 하루에 일간 목표를 향해 열심히 내달리는 사람은 그만큼 에너지를 덜 소모하게 된다. 자연히 다른 일을 할 수 있는 여력이 생기는 셈이다. 이것이 돈을 절약하는 방법이다.

자신의 생활습관이 달라지는 5주의 시간을 가져보자. 인생 목적 시트를 작성하고 일일 행동 패턴을 만들어 가다 보면 '세상에 이렇게 살면 힘들어서 어떡해, 나는 도저히 이렇게 못 살겠어'라고 하는 분들을 많이 만나게 된다. 시작은 누구나 힘들다. 자기 관리는 아주 작은 변화를 주는 것에 불과하다. 그러나 배의 각도를 1도만 틀어도 전혀 다른 목적지에 도착하듯 자기 관리를 통해 1도의 변화를 주면 성공을 행해 크게 다가갈 수 있다. '자기 관리 5주'를 시작해보라. 당신이 추구하고 목적하는 바가 완전히 달라질 것이라고 장담한다.

한 달의 변화를 통해 사업장의 업무와 당신의 삶의 통계를 내보라. 통계라고 해서 지레 겁먹고 어렵게 생각할 필요가 없다. 그저 기록된 내용을 한번 찬찬히 훑어보는 것에서 시작한다. 당신이 낭비한 시간, 낭비한 돈, 낭비한 에너지들을 체크한다면 다음에는 그것들을 줄여나가는 것을 자연스럽게 목표로 삼게 된다. 좀 쉬고 싶은가? 쉬는 시간을 충분하게 계획하라. 대신, TV를 보고 스마트폰에 주의를 빼앗기는 시간을 철저히 관리하라. 깊고 질 좋은 잠을 자는 방법을 검색하라. 좋은 컨디션을 유지할 수 있게 하는 건강보조식품을 찾아보라. 그런 과정들을 몸에 익히고 나면, 이전보다 훨씬 적은 시간으로 더 높은 질의 수면을 경험하게 될 것이다. 당신의 인생은 되돌아오지 않는다. 효율을 이야기 하는 게 비인간적이고 야속하게 들릴지도 모르지만, 되돌아오지 않는 당신의 인생을 생각 없이 헛되고 보내는 게 더 야속하고 속상하다는 것을 깨달았으면 좋겠다.

당신이 시작하는 관리는 한 가지 혹은 두세 가지일 수 있다. 한 달이 지났을 때 당신은 어떤 삶을 살고 있을 것 같은가? 교도소에 갇힌 듯 정해진 시간에 정해진 일을 하느라 허둥지둥하고 있을 것 같은가? 1년이 지났을 때 당신은 어떤 삶을 살고 있을 것이라고 기대되는가? 10년이 지난 뒤 당신의 관리가 지속·발전되고 있다면 당신은 어떤 삶을 살고 있을 것 같은가? 당신이 20대이든 60대이든 상관없이 앞으로 30년 이상의 삶을 살아야 한다. 나이가 들어서 요양병원에 들어가지 않고 건강한 삶을 살고 싶다면 70이 되었든 80이 되었든 여전히 자신의 삶을 개척하고, 사람들에게 좋은 영향력을 미치고, 열심히 배우고, 즐기는 인생을 살기를 바란다. 그러기 위해서는 관리가 없이는 불가능하다. 지금부터 5주, 자기 관리를 시작하자.

# 6

## 좋은 스승과 멘토는 나를 위대하게 만든다

스승이란 자기를 가르쳐서 인도하는 사람이라고 한다. 멘토는 경험이 없는 사람에게 오랜 기간에 걸쳐 조언과 도움을 베풀어 주는 유경험자 선배를 뜻한다. 당신에게는 스승과 멘토가 있는가? 장사가 잘 안되고 여러 가지 면에서 막힐 때 찾아가는 사람이 있는가? 친구나 동료 사장들과 간단한 술자리에서 푸는 푸념 거리를 이야기하는 것이 아니다.

당신에게는 스승이 필요하다. 장사가 안될 때, 어떻게 마음을 다스려야 하는지 이 상황을 어떻게 해결해 나갈지, 정보와 지혜를 주는 스승이 필요하다. 스승이 앞길을 알려주는 사람의 개념이라면 멘토는 일반적으로 많은 부분을 책임져주는 사람을 뜻한다. 특히 사업 초반에 멘토가 필요하다. 롤 모델이 되어주고, 자립할 수 있도록 하는 상황을 만들어 주는 그런 멘토가 필요하다. 요식업을 오랫동안 하면서도 성장이 잘되고 있지 않다면, 이제 막 시작했는데 모든 것이 막막한 상황이 자주 닥친다면 여러 가지 시도를 하는 것보다 좋은 멘토를 찾는 것이 더 중요하다.

업계의 선배를 스승으로 삼는 것도 좋고, 평소 존경하는 인생의 선배를 멘토로 삼는 것도 좋다. 분야에 대한 정확한 정보와 나의 상황에 맞춤 컨설팅을 해줄 수 있는 업계의 선배를 구해라. 내가 앞으로 어떤 마음가짐을 가지고 사업을 해야 하는지, 흔들리지 않고 지치지 않는 방법을 알려줄 인생의 멘토를 구해라. 이런 사람들이 주위에 많을수록 좋다. 당신에게 힘이 되고 도움이 될 수 있는 지지자들을 모으고 그들을 정기적으로 방문하라. 확실한 것은 당신이 그들을 찾을 때, 그들도 그 방문을 좋아한다는 것이다. 자기 자신의 인생을 남에게 전해줄 수 있다는 게 얼마나 값진 일인가. 단지 노하우만 뽑아 먹고 모르는 척하는 의도가 아니라면, 눈여겨보고 있던 후배가 자신을 스승 삼고자 찾아왔다면 싫어할 선배는 없다.

스승을 모방하라. 보이는 부분과 보이지 않는 부분들을 모두 모방하는 것이 당신에게는 필요하다. 특히 업계에서 성공한 사람을 스승으로 삼고자 했다면, 그가 어떻게 성공했는지 눈여겨보라. 아주 작은 습관이라도 습득하고 모방하라. 그 작은 습관이 당신에게 성공을 가져다줄지 어떻게 알겠는가? 물론 당신도 알겠지만, 나쁜 것은 거르고 좋은 습관들을 익혀야 할 필요가 있다. 어떻게 잠들고 어떻게 일어나는가, 손님을 어떻게 맞이하고 어떤 재료로 요리하는가? 원가를 어떻게 아끼면서도 맛 좋은 요리를 내는 방법이 무엇인가? 아주 작은 것이지만 당신에게 커다란 전환점이 될지 모르는 것들이다.

인생의 멘토들에게 당신의 보완점에 대해서 계속 물어라. 자존심이 상할지도 모르는 일이다. 하지만 당신이 보완해야 할 부분에 대해서 한 가지라도 알게 된다면 엄청난 비용을 절감하게 되는 것이다. 반대로 생각해보자. 당신을 멘토로 삼는 젊은이가 와서 계속해서 자신의 단점을 알려달라고 하고 어떻게 고치면 좋을지 묻는다. 당신의 눈에 그것들이 보이는 이상 그냥 넘어갈 수는 없는 노릇이다. 당신에게도 그런 패기가 필요하다. 멘토가 당신의 자존심을 긁을 수도 있다. 아니면 무시하고 모르는 사람 취급할지도 모른다. 자신의 노하우를 하루아침에 내어줄 사람이 어디에 있겠는가. 좋은 답을 얻지 못할 때도 있을 것이다. 그래도 여전히 당신에게는 멘토가 필요하다.

사람들을 만나 가장 필요한 것이 무엇이냐고 물으면 보통은 직접 돈이라고 이야기한다. 그 뒤에 레시피나, 매장 운영 능력, 마케팅 방법 등과 같이 지금 당장에 돈을 버는 수단에 관해서 이야기한다. 아주 나중에야 좋은 습관, 나와 매장을 관리하는 '관리법'에 관해서 묻는다. 우리가 스승이나 멘토를 만날 때 하는 질문이나 부탁은 위의 반대 순서로 해야 한다. 레시피와 메뉴가 가장 궁금한들 누가 그걸 선뜻 알려주겠는가? 알려준다 한들 한 번에 소화하기도 불가능에 가깝다. 우선은 당신 멘토의 철학을 이해해야 한다. 그 사람이 어떤 사람인지 알아야 하고 나와 같은 점과 다른 점이 무엇인지 알아야 한다. 인간적으로 친밀해야 하고, 사업적인 대화도 잘 통해야 한다. 도움을 청하러 오는 사람이 부담스러운 이유는 자기가 원하는 것만 쏙 빼먹고 다신 오지 않는 것이 싫기 때문이다.

정말 인간적으로 좋은 후배가 있는데 자주 자리를 가지며 속 깊은 대화도 많이 하고 요리와 매장에 대해서도 많은 것들을 공유하는 사람이 있는데, 레시피에 대해서 조심스럽게 묻는다면 아무리 값비싼 내용이라고 해도 대화를 거절하기는 쉽지 않다. 이걸 반대로 생각해보자. 훌륭한 멘토를 만났는가? 그의 것들을 모조리 카피하라. 진심으로 존경하고 많은 것들을 따르는 사람이 되어보라. 그도 결국 자신이 가진 것들을 당신에게 아낌없이 줄 것이다.

많은 사장님을 만나보면 주변에 그런 어른이 없다고 한다. 보통 40대 50대의 사장님들은 자신이 그런 어른 대접을 받는 시기지 스승이나 멘토의 세대들이 많이 은퇴하거나 돌아가셔서 찾기가 어렵다고도 한다. 그런 분들에게 추천하는 것이 있다. 바로 '책'이다. 수천 년간 사람의 지혜는 글로 남겨져 책으로 저장되었다. 서점에 가면 당신 원하는 분야의 모든 정보가 책으로 출판되어 있다. 정보를 얻는 것은 사실 인터넷에서도 얼마든지 얻을 수 있다. 하지만 스승과 멘토를 찾는 것은 불가능하다.

책은 다르다. 자신의 엄선된 지혜를 짜내고 짜내어 농축한 노하우를 적어 놓은 것이 책이다. 우리가 술자리에서 한번 해주고 마는 세상 이야기와는 다르다. 당신이 카페를 운영하든, 고깃집을 운영하든 백반집을 운영하든 모든 식당 운영에 관한 정보는 이미 다 출판되어 있다. 그들의 이야기를 읽노라면 처음 시작의 고통부터 중간에 맞이하게 되는 슬럼프들 실패와 성공을 아주 잘 적어 놨다. 당신에게 도움이 안 될 수가 없다. 단지 우리는 독서가 불편하고 익숙하지 않아서 멀리할 뿐이다. 삶의 지혜가 필요한가? 힘이 들 때 이겨내는 법을 알고 싶은가? 당신은 어떻게 하는가? 책 속에는 다 셀 수 없는 엄청난 지혜들이 다양하게 적혀 있다. 특히 인생에 대한 지혜들은 고대에서부터 지금까지도 계속해서 출판되고 있다. 고대의 지혜도 훌륭하고 현대의 지혜들도 우리의 시대를 잘 반영하고 있다.

그런데 왜 책을 읽지 않는가? 책은 어렵다는 생각 때문에 그렇다. 맞다. 똑똑한 사람들이 자기 지혜의 정수만을 모아놓아서 읽기도 어려운 책들이 너무 많다. 쉽게 쓰인 책은 없을까? 당신의 업종의 성공한 사람들이 쓴 책들을 찾아 읽어 보라. 전혀 다르다는 것을 알 수 있을 것이다. 책을 쓴 그 사람도 커피집 사장이고 당신도 커피집 사장이라면, 당신이 사용하는 용어와 당신이 알고 있는 수준에서 당신이 필요로 하는 내용을 적어두었다. 그 말은 그 책이 어렵지 않다는 것이다. 그리고 또 한 가지는 지금 당신이 필요로 하고 원하는 것이 적혀 있다는 것이다. 입지를 어떻게 선정해야 하는지, 레시피는 어떻게 구해야 하는지, 광고는 어떻게 해야 하는지 우리 시대에 당신의 눈높이에 맞게 적혀 있는 것을 확인할 수 있다.

책을 찾아 읽다가 작가에게 너무 공감하는 것들을 발견하게 된다면 그 작가에게 연락을 해볼 수도 있다. 책에서 만난 스승을 직접 만나는 기회가 생길 수도 있는 것이다. 우리나라에서 사업을 시작하여 글을 쓴 작가라면 독자의 반응을 매우 궁금해할 것이다. 당신에게 관심을 가지고 직접 줄 수 있는 노하우들을 많이 가지고 있는 사람이라는 뜻이다. 지체하지 말고 스승을 만들어라. 서점에 당신의 수많은 스승이 잠들어 있다. 그들을 선택하고 깨워서 진짜 당신의 스승으로 만들어라.

스승이 필요한 것만큼이나 당신에게는 제자가 필요하다. '내가 힘들게 얻게 된 노하우를 그냥 누구에게 전달하라고? 절대로 그렇게 할 수 없어!' 라고 생각하는 사장님들이 많을 것이다. 현실은 다르다. 당신에게 제자가 생긴다면 당신은 더 빨리 더 많이 성장하게 된다. 제자에게 무언가 좋은 이야기를 해주기 위해서라도 당신의 업장이 잘 정리되고 당신의 레시피가 그럴 듯해야 한다. 아무리 무능한 사장이라도 자기 제자에게 자신의 무능함을 그대로 보여줄 순 없지 않은가? 거짓말을 해서라도 성실한 척을 해서라도 나은 사람이 되려고 한다. 이게 바로 제자를 가진 스승의 장점이다. 같은 업계라면 더더욱 열심히 살수밖에 없다. 나를 스승 삼아 배우려는 사람들이 있다면 나는 절대 현재에 안주할 수 없는 것이다. 당신이 안주하지 않고 앞으로 나가고 싶다면 좋은 스승이 되어라. 제자를 만들어라.

멘토와 멘티라는 개념이 대중에게 소개된 지는 그리 오래되지 않았다. 당신이 인생의 멘토가 되고 당신이 이끌어줄 것을 기대하는 멘티들이 당신을 방문하면 어깨가 무거워질 것이다. 삶에 책임감이 생길 것이다. 이것은 당신의 인생 변화를 가져온다. 관리할 수밖에 없는 상황이 만들어진다. 누군가에게 보이기 위해서 열심히 하는 것은 흔히 '거짓 열심'이라고 한다. 이 거짓 열심을 10년간 해왔다고 가정해보자. 당신은 그 거짓 열심을 비난할 수 있겠는가? 의욕이 떨어지고 멘탈이 무너질 때는 특히 이들이 힘을 발휘한다. 스승들을 방문해서 힘을 얻는 것도 좋지만, 제자들이 찾아와서 당신에게 무언가 배우려 한다면, 자연스레 에너지가 샘솟는다. 사람은 타인을 가르치고 보살피는 데서 커다란 동력을 얻는다.

제자로 삼을 만한 사람이 없는가? 당신을 찾아와 멘토로 삼는 멘티가 없는가? 동력을 얻을 곳이 없는가? 내가 추천하는 바는 글을 쓰는 것이다. 책을 출판하라. 슬럼프가 찾아오고 정체되어서 무력해졌거나 위기가 와서 사업이 쉽지 않은가? 이럴 때 어떻게 해야 할지 모르겠는가? 사업을 오랫동안 해와도 무너지는 사람들이 많다. 나는 그런 위기에 있는 사람들에게 글쓰기와 출판을 권한다. 무슨 말도 안 되는 소리이냐고 생각하겠지만, 사실 모든 지혜는 당신 안에 있다. 현실이라는 장벽에 뒤덮여 꺼내고 있지 못할 뿐이다.

글을 써라. 당신이 가진 지식과 지혜들을 쏟아내라. 이 위기를 극복할 수 있는 정보들, 현재를 초월할 에너지를 발견하게 될 것이다. 이미 당신 안에 있지만, 모르고 있던 것들이다. 당신이 글을 쓰고 책을 낸다면, 전국 각지에서 수많은 제자와 멘티들이 생겨날 것이다. 물론 책 한 권에 불일 듯 일어나진 않는다. 하지만 당신의 글을 읽고 책을 사서 보는 사람이 분명히 존재한다. 당신의 지식과 지혜를 찾는 사람이 생겨나는 것이다. 그것만으로도 당신은 이미 좋은 스승이다. 위대한 멘토다. 그들에게 해주었던 지혜로운 말처럼, 당신 안에 있는 그것들을 꺼내어 보라. 지금의 위기를 이겨낼 수 있는 좋은 해답이 그 안에 있다.

당신이 좋은 스승이 찾길 바란다. 위대한 멘토들과 함께 사업의 위기를 이겨나가고 성장하길 바란다. 그와 동시에 당신 그런 스승이 되고 그런 멘토가 되어라. 나 혼자만 잘 먹고 잘살려고 하는 것은 결국 남도 망하고 나도 망하게 되는 길이다. 당신 안에 있는 좋은 것들을 충분히 나누는 사람이 되어라. 그래도 이미 당신은 충분하다.

# 나는 제2의 삶을 똑똑하게 살기로 결심했다

초판 1쇄 발행 · 2019년 6월 10일

지은이 · 홍성진
펴낸이 · 김동하
책임편집 · 김원희

펴낸곳 · 책들의정원
출판신고 · 2015년 1월 14일 제2016-000120호
주소 · (03955) 서울시 마포구 방울내로9안길 32, 2층(망원동)
문의 · (070) 7853-8600
팩스 · (02) 6020-8601
이메일 · books-garden1@naver.com
블로그 · books-garden1.blog.me

ISBN 979-11-6416-018-1 (03190)